KB038811

애착 기반 놀이치료

Attachment Centered Play Therapy

애착 기반 놀이치료

Attachment Centered Play Therapy

Clair Mellenthin 저 | 최해훈 · 이은지 공역

학지사

✏️ 역자 서문

　애착은 인간의 정서, 사회성 발달을 이해하는 매우 중요한 현상입니다. 애착의 중요성에 대한 인식은 존 볼비(John Bowlby)가 제안한 애착 이론(Attachment Theory)에 의해 시작되었다고 오해하기 쉽지만 사실 그 이전의 많은 학자도 이미 애착 현상에 관심을 가지고 주의를 기울여 왔습니다. 그만큼 인간 발달을 설명하는 중요한 변인이기 때문일 것입니다. 특히 주양육자[1]–아동 간에 관찰되는 애착 현상은 한 인간의 이후 발달에 지대한 영향을 미치는 것으로, 이제는 누구나 이에 동의하고 있습니다. 다시 말해, 주양육자와 안정적인 애착을 형성한 아동은 그렇지 못한 아동에 비해 향후 청소년기와 성인기의 발달이 더 안정적이고 긍정적일 가능성이 훨씬 높다는 것이지요. 최근의 애착 연구들과 뇌에 대한 연구들은 안정 애착과 기능적인 정서 조절 발달을 연관 지어 설명하고 있습니다. 안정 애착을 형성한다는 것의 의미가 기능적인 정서 조절 체계를 형성하는 것과 같은 의미를 가진 것으로 간주해 볼 수 있다는 입

---

[1] 과거에는 주양육자가 어머니인 경우가 거의 대부분이었기 때문에 '어머니와 아동'이라는 표현을 사용하였으나 현대 사회에서 주양육자는 어머니에 국한되고 있지 않기 때문에 '주양육자와 아동'이라는 표현을 사용하고자 함.

장입니다. 안정 애착을 형성해 가는 과정을 떠올린다면 당연히 아동의 정서 조절 체계와 연관되어 있다는 것을 상상할 수 있기는 합니다. 그러므로 인생 후반의 발달에 영향을 미치는 변인이면서 기능적인 정서 조절 체계를 형성하게 하는 변인으로 설명되는 양육자-아동 간의 애착 현상이 가지는 중요성은 강조하고 또 강조해도 부족함이 없다고 할 수 있겠습니다.

클레어 멜렌틴(Clair Mellenthin)이 저술한 애착 기반 놀이치료는 이렇게 중요한 양육자-아동 간 애착 현상을 기반으로 현재 적응에 어려움을 겪는 아동과 더 나아가서는 부모, 가족을 대상으로 한 상담에서 애착 개념을 어떻게 활용할 것인지에 대한 여러 가지 아이디어와 화두를 던져 주고 있습니다. 현장에서 양육자와 아동들을 만나 오면서 가장 안타까운 점이 있다면, 분명 양육자들은 아동을 너무나 사랑하고 있지만 그 사랑이 제대로 전달되지 못한 채 오히려 아동의 건강한 발달을 저해하는 쪽으로 영향을 미치고 결국 상담자를 찾아오게 되는 경우가 너무 많다는 것이었습니다. 애착이 얼마나 중요하고 또 안정적인 애착을 형성한다는 것이 어떤 의미이며, 그래서 어떻게 안정적인 애착을 형성할 수 있는지 너무도 중요한 정보가 가장 필요로 하는 양육자들에게는 잘 전달되고 있지 않기 때문이지 않을까라는 생각을 자주 했던 것 같습니다. 클레어 멜렌틴의 애착 기반 놀이치료는 치료자와 상담자들이 애착 이론을 기반으로 양육자와 아동을 맞이하고 함께 작업할 수 있도록 효과적이고 잘 정돈된 방식으로 애착 기반 관점과 기법들을 제공하고 있습니다. 애착 이론을 기반으로 양육자와 아동을 만나려는 치료자와 상담자들에게 좋은 안내서가 될 것이라 생각됩니다.

제1장부터 제4장까지는 애착 이론의 기본 개념들을 이해하기 쉬

운 방식으로 잘 설명해 주고 있어 치료자와 상담자들이 자신의 내
담자들에게 '애착'을 설명할 때 효과적인 모델을 발견할 수 있습니
다. 제5장부터 제9장까지는 애착을 훼손할 수 있는 인생의 다양한
사건[2]을 애착 이론의 관점으로 설명한 후 그러한 사건들로 애착이
훼손된 사례에 적용할 수 있는 구체적 기법들을 제시하고 있습니
다. 마지막으로, 제10장에는 양육자를 어떻게 놀이실에 초대하고
관여하도록 안내할 수 있을지에 대한 저자의 경험과 생각이 잘 담
겨 있습니다. 놀이치료자와 아동상담가들은 놀이치료가 효과적이
기 위해 부모와 양육자를 어떻게 참여시키는가가 매우 중요하다는
것을 알고 있기 때문에 제10장은 그런 면에서 매우 흥미로울 것이
라고 생각합니다.

　마지막으로, 이 책이 현장에서 아동 내담자들 그리고 그들의 성
인 양육자들과 늘 고군분투하는 놀이치료사, 아동상담가 및 관련
전문가들에게 좋은 안내서가 되어 주기를 기원합니다.

　　　　　　　　　가을 하늘이 청명한 어느 날 광교에서
　　　　　　　　　최해훈

---

2) 이혼, 상실, 이별, 애착 외상, 방임.

✎ 저자 서문

우리 모두가 삶에서 가장 원하는 것은 타인의 관심을 받고, 나의 모습 그대로 축복받으며, 위로받고, 지지받는 시간일 것이다. 이러한 시간들은 상호 존중과 자기애에 기반을 둔 개인의 자아감과 내재적 존엄성을 형성하는 가장 중요한 요소이다. 임상 전문가이자 놀이치료사로서 오랜 세월 동안, 나는 내 사무실을 방문하는 많은 내담자에게서 조화와 항상성의 경험—함께 만들어 내는 아름다운 춤과 같은—을 관찰하는 것이 쉽지 않았다.

애착 기반 놀이치료는 친밀한 연결을 원하지만 이를 만들 수 있는 지식과 내적 자원이 부족한 부모와 아이들을 돕기 위해 개발되었다. 내가 만나는 아동의 부모들은 종종 "아이에게 어떻게 닿을 수 있는지 모르겠어요." 또는 "제 부모님 같은 부모가 되고 싶지 않아요." "좋은 부모가 되고 싶지만 어떻게 해야 할지 모르겠어요."와 같은 이야기를 한다. 이러한 부모들에게 필요한 것은 육아 전략과 행동 수정 계획뿐 아니라 그들의 이야기를 들어 주고 타당화해 주는 누군가와의 시간일 것이다. 부모를 위한 안전 기지를 만드는 것만으로도 부모-자녀 관계에 변화를 만들 수 있다. 나는 아동의 치료 여정에서 부모를 배제하는 것이 조각의 절반만 가지고 직소 퍼즐을 푸는 것과 같다는 것을 지난 수년간 느껴 왔다.

이 책을 쓰는 동안, 많은 사람이 자신의 애착 상처와 상실에 대해 공유해 주었으며, 그 이야기들은 진심으로 놀라운 것들이었다. 나에게 무엇에 대해 쓰고 있는지 묻는 사람들에게 내가 애착과 트라우마에 대한 이야기를 시작하면, 그들은 곧장 자신의 이야기를 쏟아 내고는 했다. 내가 주문한 음료를 만드는 바리스타, 문을 열어 주는 도어맨, 식료품점 주인과 택배 기사, 산책 중인 커플, 그리고 내 아이들의 친구들과 친구들의 부모들이 그들이다. 어린 시절의 트라우마, 특히 부모-자녀 관계에서 받은 보이지 않는 상처를 지닌 채 살아가는 사람들이 이렇게나 많은 것이다.

우리 모두는 비난받거나 무시당하지 않고, 진심으로 내가 누구인지 봐 주기를 갈망한다. 공포의 순간이든 승리의 순간이든 내가 어떤 사람인지 있는 그대로 취약성과 신뢰감을 드러낼 수 있기를 바란다. 바라건대, 이 책의 독자들이 이 책에서 놀이치료의 개입 방법과 자료에 대해 알게 될 뿐 아니라 놀이치료와 애착 이론의 통합된 렌즈를 통해 가족 관계를 이해하고 평가하는 새로운 틀을 발견하기 바란다. 왜냐하면 우리가 진정으로 지속적인 변화를 일으키기 위해 가장 중요한 것은 부모-자녀 관계 치유에 초점을 맞추는 일이기 때문이다.

🖊️ 차례

제1장 애착 이해하기 • 15

제2장 애착 기반 놀이치료 정의하기 • 33

제1장

애착 이해하기

들어가기

애착은 인간의 정서·사회성 발달을 이해하는 핵심 요소이다. 임상심리학 분야에서는 매우 자주 쓰이는 단어로, '오래 지속되는 인간 간의 심리적 연결감'으로 정의된다. 지속적인 심리적 연결감이란 우리가 물리적으로 같은 공간에 있지 않고 함께 시간을 보내지 않음에도 불구하고 어떻게 서로에게 연결되어 있는 느낌을 가질 수 있는지 그리고 그러한 연결감이 왜 우리에게 필요한지를 기술하는 단어이다. 오랫동안 사랑해 온 사람이 죽었다고 생각해 보자. 옆에 없지만 곁에 있는 것처럼 느껴지거나 웃음소리가 들리는 것 같은 순간이 있을 것이다. 이것이 바로 지속적인 심리적 연결감이다.

이 책에서 우리는 애착 패턴이 어떻게 만들어지는지, 애착이 인

간관계에 왜 필수적인지, 그리고 타인과의 관계 안에서 어떻게 건
강한 상호의존성(interdependence)을 발달시켜 나갈 수 있는지에
대해 이야기하려고 한다. 또한 유용한 놀이치료 개입 방법들을 제
안하고 내담자들에게 각각의 개입을 사용해야 하는 이유와 실시
방법에 대해 이야기할 것이다. 용어를 명확히 하고 넘어가자면, 이
책에서 '부모'는 생물학적 부모, 입양 부모, 계부모, 양육 대리 기관
의 선생님, 조부모 등 누구든 간에 실제로 아동의 양육을 담당하고
있는 이들을 칭한다. 또한 '애착 대상(attachment figure)'이란 지지,
보호, 양육을 제공하는 이들인데, 대부분의 경우 부모이다.

애착 이론의 기원

애착 이론은 수십 년 전에 시작되었으며, 일반적으로 존 볼비
(John Bowlby)를 애착 이론의 아버지라고 부른다. 1960년대 많은
사람이 부모-자녀 간 관계의 중요성에 주목하기 시작하였는데,
존 볼비도 그중 한 명이었다. 거의 동시에 미국의 심리학자인 메리
에인스워스(Mary Ainsworth)도 엄마와 아이, 특히 어떻게 이 둘 간
의 상호작용이 아동의 발달과 정서 조절에 영향을 미치는지에 대
해 연구하기 시작하였다. 이론 태동의 초기에는 애착의 중요성을
개념화하는 작업과 애착의 생물학적 기제를 이해하는 작업이 주로
이루어졌다. 애착은 단지 발달 이정표로서의 의미만 있는 것이 아
니라 인생 전반에 걸쳐 경험하게 될 관계의 기반을 마련하는 중요
한 인생 초기 경험이라는 데 의미가 있다.

볼비는 애착 이론을 기술할 때, "만나고 헤어지는 순간에 발생하

는 애착 행동"으로 설명하기도 했지만 "특정한 타인과 만드는 지속적인 애착"으로 설명하기도 했다(Bowlby, 1988, p. 29). 애착 행동이란 나보다는 조금 더 세상에 익숙한 누군가에게 접촉을 유지하고 안정감을 추구하는 행위라고 할 수 있다(Bowlby, 1988). 보통 공포, 위협, 상실, 유기와 같은 감정을 마주했을 때 발생하고, 피로감, 외로움, 아픔, 압도감 등을 느낄 때도 관찰된다. 애착 대상으로는 부모, 선생님, 돌봐 주는 분, 친구 등이 가능한데, 정서적 · 물리적으로 안전하다고 지각되는 성인이 없을 때에는 조금 더 유능한 또래가 애착 대상이 되기도 한다. 아동이 관계를 맺는 방식에 따라 애착행동은 매우 적응적이기도 하고, 매우 부적응적이기도 하다. 안정애착 아동의 경우 관계를 재확인하고 접촉을 추구하면서 건강하고안정된 관계를 찾는 반면, 불안정 애착 아동의 경우 정서 · 행동적으로 떼를 부리는 모습이 나타나기도 한다. 그러나 안정 애착이든불안정 애착이든 간에 아동이 보이는 애착 행동은 모두 자신을 보호하고 돌봐 주는 사람과 연결되고자 하는 목적을 가지고 있다.

애착의 스펙트럼

전통적으로 정신 건강 전문가들은 애착을 안정, 양가, 회피 및 혼란[1]의 네 가지 유형으로 구분한다. 그러나 현실에서는 애착을 그렇

---

1) 역자 주: 원어는 비조직형(disorganized)이나 본역에서는 혼란스럽고 조직화되지 않은 애착이라는 의미를 강조하고자 혼란 애착으로 번역하고자 한다.

게 명확한 범주로 나누기 어려워 보인다. 그보다는 오히려 스펙트
럼처럼 연속적으로 존재하면서 스펙트럼 상의 위치에 따라 독특한
모습을 갖는 것으로 생각된다. 그래서 부모가 한 자녀와는 안정 애
착을 형성하면서도 다른 자녀와는 좀 더 양가적인 유형의 애착을
형성하는 것이 가능한 것이다. 또한 두 자녀와는 안정 애착, 양가
애착의 모습을 보이면서, 배우자와의 관계에서는 불편한 감정을
느끼는 상황이 되면 가까이 다가가기보다는 상대방을 밀쳐내고 회
피해 버리는 회피 애착의 모습을 나타내는 것도 가능하다.

　임상가로서 우리는 각 관계의 독특성을 고려해야 하며, 애착 유
형을 개인 수준에서뿐만 아니라 가족 역동 수준에서 이해하려고
노력해야 한다. 애착 유형은 아동과 가족의 발달 단계, 트라우마,
가족 구성원 각자의 본성과 기질에 따라 애착 스펙트럼 위에서 이
리저리 이동하게 된다([그림 1-1] 참조).

　중요한 건 누구도 100% 안정 애착인 사람은 없으며, 반대로
100% 혼란 애착인 사람도 없다는 것이다. 우리 모두의 애착은 양
쪽 극단 사이 어디엔가 위치하며 대부분의 관계는 스펙트럼의 한
곳에서 왔다 갔다를 반복한다. 예를 들어, 비교적 안정적인 애착을
가진 사람은 대체로 안전한 기지를 유지하면서 삶의 폭풍과 외상
의 영향을 견뎌 낼 수 있다. 안정 애착 영역에 있는 사람도 외상으
로부터 치유될 때 흔들리거나 스펙트럼의 덜 안전한 영역으로 이

[그림 1-1] 애착 스펙트럼

동할 수 있지만, 그렇다 하더라도 어느 정도의 안정 수준을 유지할 가능성이 훨씬 더 높다. 또한 외상을 극복해 가는 과정에서도 불안정 애착 영역의 사람들보다 회복이 쉬운 편이다.

애착 스펙트럼 중에 혼란 쪽에 가까이 있는 사람은 그 영역 근처에 머무는 상태에서 상실과 외상을 경험하게 되면 애착이 더 심하게 비조직화된다. 그러나 그런 과정에서도 애착 욕구와 애착 추구가 없는 것은 아니어서 양상은 더욱 비적응적으로 나타나게 된다.

은둔자 조

다음은 분명한 애착 추구 행동을 보이는 성인의 가상 사례이다. 오래전 미국 정착민들이 정부가 제공하는 농장에 거주하던 시기의 이야기이다. 가족을 부양하기 위해 조를 제외한 마을의 모든 사람은 공동으로 일을 했다. 조는 마을로부터 멀리 떨어진 곳에 있는 작은 오두막에 혼자 살면서 마을 사람들 앞에 나타나는 일이 거의 없었다. 그러나 매주 화요일 오후 1시가 되면 마을로 내려왔다. 마을 사람들은 조가 다가오는 것을 보면 피해 버리거나, 또 이 불길하고 낯선 남자 곁으로 다가가지 못하게 아이들을 멀리 쫓아 버리곤 했다. 그러든 말든 조는 잡화 상점에 들려 위스키 한 병을 구입했다. 조는 상점 점원이 위스키를 찾는 동안 무섭게 노려보다가 위스키를 받아들면 아무 말 없이 떠나곤 했다. 그러나 조는 한 번도 빠짐없이 매주 화요일 오후 1시가 되면 나타나서 위스키를 사 갔으며, 평생 어떤 의식처럼 이를 반복했다. 조의 이러한 행동에는 상호작용을 통한 애착 욕구가 작용했다는 것을 상점 점원뿐 아니라 조 자신도 알지 못했을 것이다. 왜냐하면 조는 공손하거나 친절하지도 않았으며 어떤 사회적 기술도 보여 주지 않았기 때문이다. 그러나 조는 누군가와의 연결을 분명히 원했다. 마치 심하게 혼돈된 애착 상태의 아이가 애착 욕구를 비적응적인 방식으로 표현하는 것처럼 말이다.

나는 종종 우리 사회에 아무도 인식하지 못하는 '은둔자 조'가 얼마나 많이 있을까 생각해 본다. 좋은 의사소통 기술은 없지만 여전히 다른 사람과 연결되고자 하고 애착 욕구를 충족시키려고 애쓰는 사람. 당신 주변에도 아마 이런 사람이 있지 않을까.

애착의 주요 개념

정서 초점 치료(Emotionally Focused Therapy: EFT)의 주요 인물인 수잔 존슨(Susan Johnson, 2004) 박사가 제안한 애착의 네 가지 주요 개념을 소개하고자 한다. EFT는 동거인 간 혹은 가족 간 치유 과정에서 애착 유형 확인을 매우 중요한 요소로 간주한다. 존슨 박사는 애착 행동을 연인 혹은 부모-자녀가 함께 만들어 내는 '춤'과 같다고 정의한다. 흥미롭게도, 애착 행동은 연령과 관계에 걸쳐 유사한 형태로 나타난다. 예를 들어서, 가용하지 않은 부모의 관심을 얻어 내기 위해 심하게 떼를 부리는 어린 아동이 있다고 가정해 보자. 꾸중을 하거나 비난을 하는 방식이더라도 어쨌든 이 부모가 아동이 떼를 부리는 순간에만 관심을 보인다면 아동에게는 이 순간만이 자신의 애착 욕구가 충족되는 순간이 될 것이다. 그리고 이 아동이 성장하면 성인 관계에서도 이런 방식으로 관심을 받으려고 할 것이다. 그래서 위협을 느끼거나 유기에 대한 불안이 일어나면 어

릴 때 떼를 부리던 순간처럼 될 것이고, 성인임에도 불구하고 애착
이 느껴질 때까지 떼 부리는 아이처럼 굴 것이다.

우리가 건강한 애착을 형성할 때 애착의 주요 개념들은 블록 쌓
기처럼 함께 작용한다. 애착의 주요 개념을 이해하는 좋은 방법 중
하나는 애착의 주요 개념들을 집짓기에 비유하는 것이다.

안전한 기지

첫 번째 주요 개념은 '안전한 기지(secure base)'이다. 이 개념은
집짓기의 기초 공사인 토대(foundation)에 해당한다. 토대 만들기
는 집이 비와 바람을 이겨 내고 지반의 압력을 이겨내도록 하기 위
한 매우 중요한 작업이다. 우리의 관계도 이와 비슷한데, 안전한 기
지란 아동이 안심하고 주변 세상을 탐험하는 동안 기지로서의 역
할을 하는 애착 대상의 역량을 말한다. 안전한 기지는 "이 세상은
안전해. 그리고 내가 여기 있단다. 난 언제나 널 보호하고 도울 거
야."라는 메시지를 내포하고 있다. 이것은 부모와 아동이 만들어
내는 아름다운 춤과 같기 때문에 아동은 부모에게 멀어졌다 가까
워졌다를 반복하면서 세상을 탐색하고, 편안함과 수용이 필요할
때 애착 대상에게 되돌아올 수 있다는 것을 배워 나간다. 안전한 기
지가 존재하지 않으면 아동은 반대의 것을 배우게 된다. "이 세상
은 안전하지 않아. 그리고 너도 안전하지 않을 거야." 만약 부모가
세상을 무섭고 위험한 곳으로 생각하고 아동의 세상 탐색을 막는
방법으로 아동을 보호하려 한다면 아동도 같은 믿음을 발달시키게
될 것이다. 결국 아동은 상당한 불안감을 느끼게 되어 정서적으로
마비되거나 세상 탐험을 위해 밖으로 나가는 것을 두려워하게 될

가능성이 있다. 세상은 무서운 곳이고 자신을 안전하게 지켜 줄 사
람은 어디에도 없다고 아동은 생각하게 된다.

안전한 피난처

'안전한 피난처(safe heaven)'는 두 번째 주요 개념이다. 안전한
피난처는 집의 마루로 비유하고 싶다. 마루는 우리가 단단히 서 있
을 수 있는 곳이다. 안전한 피난처를 만든다는 것은 아동이 불안이
나 위협을 느꼈을 때 애착 대상이 아동에게 위안을 주고 달래 주는
것을 의미한다. 저명한 아동심리학자 다니엘 시겔(Daniel Siegel)은
안전한 피난처를 '안전한 항구'로 비유했다. 항구란 배들이 들어와
쉴 수 있도록 거친 파도로부터 보호하는 곳이라는 점에서 시겔의
표현은 매우 멋진 비유라고 생각한다. 또한 항구는 배가 다시 항해
를 떠나기 전에 연료를 재충전하고, 망가진 곳이 있으면 수리를 하
는 등 재항해 준비를 안전하게 할 수 있는 곳이다. 이것이야말로 우
리 모두가 '가정'에게 바라는 이미지가 아닐까? 인생의 파도로부터
우리 아이들이 잠시 휴식을 취하는 곳. 안전한 피난처만 있다면 아
이들은 편안함과 위안을 찾을 수 있고 이러한 관계는 아동에게 천
국과도 같은 휴식처가 되어 줄 것이 분명하다.

안전한 피난처가 없다면 어떻게 될까? 아마 아동은 자신의 애착
대상이 자신의 욕구에 일관적으로 가용한 상태가 아니라는 것을
재빨리 파악하게 될 것이다. 아동은 위협을 느껴 위로가 필요할 때
에도 갈 곳이 없어 지속적으로 불안한 상태에 있게 된다. 또한 세상
은 예상 불가능하고 비일관적인 곳이며 세상에 신뢰할 수 있는 사
람은 아무도 없다고 배우게 될 것이다.

근접 유지

세 번째 주요 개념은 '근접 유지(proximity maintenance)'이다. 앞서 사용했던 집의 비유에서 근접 유지는 벽에 해당한다. 앞의 두 주요 개념으로 집의 기초를 완성했다면 이제는 그 기초 위에 휴식처를 만들 차례이다. 근접 유지란 안전감을 제공하고 위안을 주는 애착 대상에게 물리적으로 가까이 있으려는 욕구이다. 현대 사회에는 부모의 군대 징집, 긴 출장, 이혼, 그 외 다른 여러 종류의 분리 등 애착 대상과의 접촉 유지를 방해하는 요소들이 많이 존재한다. 반면 물리적으로는 같이 있지 못하더라도 Skype, FaceTime, Google Hangouts 등의 현대적 기술을 이용해 가상으로 근접 유지를 하는 방법이 있다. 가족을 대상으로 함께하는 시간이 얼마나 중요한지를 교육할 때, 물리적 거리가 떨어져 있더라도 안전한 기반과 연결을 유지하는 데에 도움이 되는 현대적 기술들에 대해 언급할 수 있다는 것은 참으로 놀라운 일이다.

부모-자녀 관계 안에 근접 유지가 늘 부족한 상태일 때 아동은 자신의 애착 대상에게 공감, 위안, 배려와 같은 반응을 기대하기보다는 오히려, 무관심, 회피, 폭력과 같은 반응을 경험하게 된다. 『애착 형성하기(Becomimg Attached)』(1994)의 저자인 로버트 캐런(Robert Karen)은 공원에서 관찰한 한 아동의 이야기를 저서에서 기술하고 있다. 한 작은 소년이 미끄럼틀에서 미끄러져 바지가 찢어지고 무릎에서는 피가 났지만 아무런 도움도 요청하지 않은 채 얼어붙은 모습으로 조용히 서 있었다는 것이다. 소년은 단 한 번도 주변을 둘러보며 엄마를 찾거나 부르지 않았다. 결국 엄마가 소년이 다쳤다는 것을 알아챘을 때 엄마는 사랑과 염려의 신호를 보낸 것

이 아니라 짜증과 경멸의 신호를 보냈다. 이것이야말로 애착 대상
이 아동에게 적절한 근접 유지를 제공하지 못한 슬픈 사례의 전형
이라고 할 수 있겠다.

분리 스트레스

마지막 주요 개념은 '분리 스트레스(seperation distress)'이다. 이
것은 집의 비유에서 지붕에 해당한다고 할 수 있다. 애착 대상과 분
리될 때 일정 수준의 고통을 경험하는 것은 정상적이고 건강한 현
상이다. 분리에 대해 적정 수준의 스트레스를 경험한다는 것은 사
실 애착이 잘 형성되었고 둘 간에 관계가 만들어졌다는 의미가 되
며, 이런 상태에서 분리된다는 것은 당연히 불안, 두려움, 걱정 등
의 감정을 일으킬 것이다. 그래서 이 개념을 다룰 때에는 분리 시
느끼는 고통의 정도와 함께 아동의 생활 연령과 정서 연령을 고려
해야 한다.

부모도 역시 분리 불안을 경험한다. 처음으로 어린 아기를 남겨
두고 긴 휴가를 떠나는 엄마가 있다고 가정해 보자. 엄마는 여행이
결정되고 나면 여행 가 있는 동안 아기를 돌봐 줄 믿을 만한 사람을
구하고, 먹을 음식을 미리 계획해서 냉동고에 채워 놓을 것이다. 떠
나는 날 아침에 엄마는 사랑스러운 아기를 바라보면서 여행에 대
한 기대감과 함께 아기를 두고 떠나는 것에 대한 걱정도 느낄 것이
다. 공항으로 가는 차 안에서 울기도 할 것이다. 비행기 안에서도
엄마는 아기와 베이비시터를 보여 주는 CCTV 영상을 확인할 것이
고 비행기 이륙이 다가오면 아기에 대해 안 챙긴 것은 없는지 생각
하느라 마음이 바빠질 것이다. 남편이 곁에서 큰 숨을 쉬고 안심하

도록 도와주거나 또는 아름다운 주변 경치를 보도록 권하면서 함께 진정하려고 할 수도 있다. 그렇다. 분리 불안을 경험하는 것은 자녀뿐만이 아니다. 부모도 분리 불안을 경험한다.

분리 스트레스를 전혀 드러내지 않는 경우도 애착 부족이나 손상된 관계를 암시할 수 있고, 또 다른 한편 너무 극심한 스트레스를 드러내는 경우도 불안정한 관계를 암시할 수 있다. 초등학교 고학년 아동이 양육자와의 아주 짧은 분리에도 격렬한 고통을 호소하고 숨 쉬기 어려워한다든가 극렬하게 떼를 부린다고 상상해 보자. 이러한 행동은 훨씬 더 어린 아동이 주로 보이는 행동이므로, 초등학교 고학년의 아동에게서 관찰된다면 그것은 정상 범위를 벗어난 것으로 간주된다. 무언가 관계가 훼손되었다는 잠재적 신호일 수 있으며 아동의 애착이 방해받고 있다는 신호일 수 있다.

애착 유형

관계에서 나타나는 애착 유형에는 안정, 양가, 회피, 혼란의 네 가지가 있다. 앞에서 논의했던 것처럼 이러한 애착 유형은 스펙트럼 위에 존재한다.

안정 애착

안정 애착(secure attachment)은 부모로부터 일관되고 예언 가능한 양육이 제공될 때 가능하다. 다행스럽게도, 대부분의 가정이 안정 애착 범주 안에 있다(Byng-Hall, 2008). 부모-자녀 관계에서 아동은 양육자와 분리될 때 적정 수준의 스트레스를 경험하고 그 스트레스를 견디어 낼 수 있으며, 양육자와 다시 만났을 때 진정하고 환경 탐색으로 돌아갈 수 있다. 안정 애착을 발달시킨 아동은 양육자로부터 근접성과 편안함을 추구할 수 있으며 신경심리학적 각성을 조율할 수 있고 양육자를 안전한 기지로 신뢰하며 이러한 과정을 통해 관계 유능감을 발달시켜 나간다(Shapiro, 2011). 안정 애착을 가지고 있는 양육자나 부모는 일관성, 믿음, 정서적 가용성 등을 아동에게 제공할 수 있으며 이를 통해 아동과 조율하고 정서를 조절하게 된다.

다니엘 시겔은 안정 애착에 네 개의 S가 존재한다고 제안한다(2012). 그것은 보여짐(Seen), 안전감(Safe), 진정하기(Soothes), 안정(Secure)인데, 이 네 개의 S는 안정 애착을 발달시키는 데 필수적이다. 이들이 없다면 안정 애착도 존재하지 않는다. 네 개의 S는 순차적이어서 각각은 그 다음 것의 필수 요소가 된다. 안정 애착과 관련된 네 개의 S를 공부해 보자.

보여짐(Seen)이란 사랑하고 사랑받는다고 느끼는 것이다. 애착이론에서 '보여짐'이란 단지 시각적으로 아동이 보여지는 것만을 의미하는 것이 아니라 아동이 주목받고 양육받고 귀함을 받는 것을 의미한다. '보여진다'는 것은 그 사람이 취약한 상황에 있을 때 내가 누구인지, 그리고 내가 어떤 방어 기제를 활용하는지 있는 그대로 인정받고, 오히려 이러한 것들 때문에 더욱 사랑받는다는 것을 의미한다.

보여짐의 사랑스러운 예로 영화 〈아바타(Avatar)〉가 있다(이 영화를 아직 보지 않은 독자가 있다면 보여짐을 이해하기 위해 꼭 보기를 권한다). 요약하자면, 이 영화는 주인공이 옳지 않은 이유로 잘못된 일을 하도록 요구받지만, 사랑에 빠지고, 마침내 옳은 일을 하기로 결심하게 되는 내용이다. 영화의 마지막에 젊은 영웅이 부상을 입어 호흡 마스크가 부서지고 완전히 망가진 모습이 된 전투 장면이 나온다. 하지만 여주인공은 단번에 그를 알아보고 달려가 이렇게 말한다. "제이크! 제이크! 내가 보고 있어요. 내가 보고 있어요(I see you!! I see you!!)."나는 이 장면이 인간관계와 사랑에 대한 매우 아름다운 비유를 내포하고 있다고 생각한다. 가장 친밀한 관계에서 내가 망가지고 무기력해져 있는 모습을 드러내고, 도움받는 것을 창피해하지 않아도 되고, 오히려 그 모습 그대로 사랑받는다는 것이 바로 애착 이론에서 말하는 보여진다는 것이다.

우리는 애착 대상과 안전감(Safe)을 느끼기 위해서 '보여져야'만 한다. 안전감은 전신으로 경험하는 정서적이고 신체적인 감각이다. 아이들은 양육자가 따뜻한 양육을 제공할 때, 일관되게 기본적 욕구를 충족시켜 줄 때, 아동의 신체적·성적·정서적 자아를 존경하고 가치 있는 것으로 여겨 줄 때 본능적으로 양육자를 안전한 존재로 느낀다.

같이 있는 사람을 안전하다고 느끼지 못하면 진정하기(Soothing)가 불가능하다. 진정한다는 것, 다시 말해 양육자와 함께 조절한다는 것은 부모-자녀 관계에 있어 가장 중요한 애착 욕구라고 할 수 있다. 부모가 이런 기술을 습득하고 자녀와 상호작용하도록 돕는 것은 애착을 바로잡는 데 필수적인 작업이다.

아동이 양육자에게 있는 그대로의 모습으로 보여지면 그들의 관계 안에서 안전감을 느낄 수 있고, 그 안전한 관계 안에서 스트레스로 인한 부정적 정서들을 조절할 수 있으며 이러한 작업이 반복되면 비로소 아동은 안정(Secure) 애착을 형성하고 양육자와 연결되어 있다고 느끼게 된다. 안정적인 부모-자녀 관계는 삶의 어려움을 견뎌 내고, 도전을 헤쳐 나갈 수 있도록 도와주며, 삶의 힘든 시기를 겪거나 가족이 시련과 충격을 겪을 때에 부모와 자녀 두 사람 모두에게 필요한 생명선을 제공해 준다.

양가 애착

양가 애착(insecure ambivalent attachment)은 비일관적 양육 때문에 생기며 이 경우 아동은 양육자가 일관적으로 자신의 정서적 · 신체적 욕구에 반응할 것이라는 확신을 가지지 못하게 된다. 이 애착 유형의 아동은 양육자가 돌아오지 않을 거라는 내적 불안 때문에 분리에 대해 매우 높은 수준의 고통을 호소하는 특징을 보인다. 양육자와 분리되었다가 재결합할 때 아동은 양육자에게 매달리면서도 화가 난 태도를 보이고 진정하기가 어렵다. 양가 애착은 안정감 느끼기 혹은 정서 조절하기와 같은 발달 목표 달성에 도움이 되지 않으며, 아동의 자율성 발달을 제한한다.

양가 애착일 경우, 아동은 자신이 수용되고 있는지 확인하기 위해 파괴적이고 부정적인 방식으로 주의를 끌려고 하며 일관된 자기감이 부족한 상태에 놓인다. 경계선이 잘 만들어져 있지 않은 가족 안에서 양가 애착 아동은 세상을 위험한 곳으로 지각하고 그로 인해 자율적 탐색이 제한되는 경험을 하게 한다. 이런 가족 안에서 아동은 개별화를 시도할 때마다 결과적으로 관계 안에서 상실의 위협을 지속적으로 느끼게 된다.

회피 애착

불안정 애착의 하나인 회피 애착(insecure avoidant attachment)의
특징은 말 그대로 회피하고, 철회하고, 마무리하지 않는다는 것이
다. 아동은 비일관적인 양육을 경험하는 과정에서 자신의 정서적
욕구가 충족될 것이라는 확신을 발달시키지 못한다. 회피 애착 아
동은 애착 시스템을 활성화시키지 않으려고 하고, 정서를 억누른
다(Johnson, 2004). 보통 일이나 과제 수행을 매우 중요시하는 가족
분위기 때문에 가족 간에 연결이 제한되고 정서적 상호작용이 매
우 부족하여 자신의 감정을 표현하는 것이 억압되어 있는 경우 잘
발생한다.

회피 애착 가족의 부모-자녀 간 상호작용에서는 회피-접근 애
착 추구 행동의 사이클이 나타난다. 부모는 자기 자신의 애착 상처
나 생활 사건에 과몰입되어 있기 때문에 자녀와의 상호작용에 사
용할 정서적 에너지가 거의 없는 상태이다. 부모는 이따금 아동의
조절을 돕거나 양육할 뿐이어서 아동은 대부분의 시간을 불안정하
고 공포스러운 상태로 지내곤 한다. 아동은 한때 유기되지 않기 위
해 매달리거나, 자기보호를 위해 매달리거나 거부하는 행동 사이
에서 이랬다 저랬다 하는 모습을 보일 수 있다. 아동이 이런 모습을
보이면 부모는 아동에게 더욱 거부적으로 대하고, 이는 둘 간의 관
계에 부정적이고 고통스러운 영향을 미치게 된다. 이 경우 제 삼자
가 봤을 때 부모-자녀 관계의 특징은 행위상으로는 매우 엉켜 있
지만 상대방에 대한 정서는 매우 양가적인 상태로 보인다(Byng-
Hall, 2008).

혼란 애착

혼란 애착(disorganized and/or chaotic attachment)은 외상적 양육
과 관계로 만들어진다. 이 경우 아동은 아주 어릴 때부터 양육자를
신뢰하기 어려운 존재일 뿐 아니라 공포스럽고 폭력적인 존재로
경험한다. 부모는 조직화된 양육을 제공할 능력이 없으며, 심각한
수준으로 아동을 방치하거나 학대한다. 극단적인 상황에서 부모가
자신의 부정적 정서 상태로 인해 보호를 제공하지 못하기 때문에
자신이나 타인이 저지른 신체적·성적 학대를 포함한 여러 위험으
로부터 아동을 보호하지 못한다(Shapiro, 2012). 이때 아동은 친밀
함을 추구하면서도 동시에 제공된 친밀함을 거부하는 방식의 전략
을 사용하며 이는 혼돈의 정서 상태를 초래한다(Johnson, 2004).
혼란 애착의 아동들은 종종 타인을 과도하게 통제하려고 하는
데, 이는 앞으로 발생할지 모르는 외상으로부터 자신을 보호하거
나 혹은 외상이 발생하더라도 그로부터 생기는 부정적 영향으로부
터 자신을 보호하기 위한 것이다. 또한 방치와 유기의 결과로 강박
적으로 양육 행동을 추구하기도 한다(Byng-Hall, 2008). 이런 행동
들은 결국 무력감을 초래하고, 이것은 심각한 조절장애를 일으킨
다. 학대가 매우 심한 가정환경에서 성장한 아이들은 자기 자신을
사랑 받을 가치가 없는 존재라고 믿게 되고 가정 밖에서 만나게 되
는 많은 관계 안에서도 이러한 믿음을 확인하는 쪽으로 행동하게
된다. 사랑스럽지 않은 행동을 반복함으로써 자신의 사랑스럽지
않음을 환경과 양육자에게서 계속 확인하는 모습은 혼란 애착 아
동들에게 흔히 발견되는 모습이다. 이 안에는 위협, 자해, 폭력적
행동, 배설물 묻혀 놓기 등의 다양한 문제 행동이 포함된다.

정리

초기 부모-자녀 관계는 아동이 자기 자신과 관계에 대한 내적 작동 모델을 형성하는 데 중대한 영향을 미친다. 아동이 긍정적 반응을 받고 안정 애착을 형성한다면 자기 자신이 가치 있는 존재이고, 세상은 예언 가능하며 안전한 곳이라는 내용의 내적 작동 모델을 형성할 것이다(Green, Myrick, & Crenshaw, 2013). 반대로 양가 애착이나 회피 애착처럼 불안정 애착을 형성하거나 혼란 애착을 형성한다면 아동은 자신이 사랑받을 가치가 없으며, 세상은 예언 불가능한 무서운 곳이라는 내용의 내적 작동 모델을 형성할 것이다. 각각 서로 다르게 형성한 내적 작동 모델은 당연히 다음 단계의 발달에 서로 다른 영향을 미치게 된다.

참고문헌

Byng-Hall, J. (2008). The crucial roles of attachment in family work. *Journal of Family Therapy, 30*, 129-146.

Bowlby, J. (1988). *A secure base: Parent-child attachment and healthy human development*. London, England: Routledge.

Green, E. J., Myrick, A. C., & Crenshaw, D. A. (2013). Toward secure attachment in adolescent relational development: Advancements from sandplay and expressive play-based interventions. *International Journal of Play Therapy, 22*(2), 90-102.

Johnson, S. M. (2004). *The practice of emotionally focused couples therapy* (2nd ed.). New York, NY: Brunner-Routledge.

Karen, R. (1994). *Becoming attached: First relationships and how they shape our capacity to love*. Oxford, England: Oxford University Press.

Siegel, D. J. & Bryson, T. P. (2011). *The whole-brain child*. New York, NY: Bantam Books Trade Paperbacks.

Shapiro, J. (2010). Attachment in the family context: Insights from development and clinical work. In S. Bennett & J. K. Nelson (Eds.), *Adult attachment in clinical social work*. Essential Clinical Social Work Series. Doi: 10.1007/978-1-4419-6241-6_9

제**2**장

애착 기반 놀이치료 정의하기

들어가기

애착 기반 놀이치료(Attachment Centered Play Therapy: ACPT)는 놀이치료의 힘과 애착 이론의 개념들을 통합하여 아동 및 가족과 작업하는 전체론적이고 체계론적인 접근이다. 애착 기반 놀이치료 접근에서 놀이치료사는 의뢰된 아동이나 아동이 보이는 현재의 문제만 표면적으로 초점을 맞추는 것이 아니라 아동을 가족이라는 체계 안에서 이해하고, 아동을 포함한 가족을 하나의 내담자로 다루게 된다. ACPT는 각 단계에서 사용될 구체적인 말과 행동을 제시하는 매뉴얼화된 프로토콜이라기보다는 가족 체계 안에서 아동을 개념화하고 평가하고 개입하는 새로운 접근 방법이라고 할 수 있다.

전통적인 아동 심리치료에서 임상가는 일반적으로 주로 아동과 작업을 해 왔다. 이런 관점으로는 가족 체계 안에서 가장 취약하고 힘이 약한 존재인 아동이 지속적인 변화와 치유를 만들어 낼 거라고 기대하기가 쉽지 않았다. 특히 가족 체계가 아동과 함께 변화하기 어려울 정도로 매우 역기능적이라면 더더욱 그러했다. 아동의 성장과 치유는 부모와 함께 타는 이인용 자전거와 같아서, 부모가 함께 페달을 밟아 주어야 가능해지는 속성이 있기 때문이다.

아동 치료 여정에 부모를 초대하는 것은 ACPT의 매우 중요한 부분이다. 애착 대상자로서의 부모 역할을 최대화하고 부모에게 놀이, 양육, 무조건적인 긍정적 관심, 아동 발달의 중요 요소들을 교육함으로써 애착 관계를 바로잡고 강화시킬 수 있다. 만약 치료의 초기부터 저항이 많지 않은 부모라면, 우리는 치료 과정을 통해 부모들에게 진심으로 보여지고(seen), 안전감을 느끼고(safe), 진정되고(soothed), 안정(secure)을 경험을 할 수 있는 기회를 제공할 뿐만 아니라, 부모-자녀 관계를 함께 치유하고, 유동적인 과정 안에서 함께 나아갈 수 있는 기회를 제공한다.

상담 대상은 아동인데 왜 부모(특히 아동 고통의 원인이 되는 것으로 판단되는 부모라면 더더욱)가 자녀의 치료 과정에서 이런 애착의 욕구를 경험하는 것이 중요한지 의아할 수 있을 것 같다. 아동의 치료를 결심했을 때 많은 부모는 높은 수준의 수치심과 죄책감을 느끼게 된다. 왜냐하면 아무리 노력해도 아이가 필요로 하는 것을 주지 못한 부모라는 생각이 들기 때문이다. 이런 부모들 중 대부분은 다음과 같은 내적 작동 모델을 만들게 된다. 난 충분히 좋은 부모가 아니기 때문에 부족한 사람이야. 난 부족한 사람이니까 사랑스럽지 않고, 사랑스럽지 않으니 결국 누구에게도 사랑받지 못할 거야. 부모가 이러한 내적 작동 모델을 가지고 있을 때 아동과 부모 사이에는 무의식적인 거절감이 흐르게 되고, 부모는 아직 자신의 행동이나 정신 건강 관련 증상들을 스스로 수정할 수 없는 아동을 거부하다가 결국 마지막 대안으로 치료실을 찾게 되기가 쉽다. 부모와 아동 사이에 거절-거절 사이클이 돌고 도는 것이다. 이 문제를 다루지 않고 그냥 두면 결국 곪아 터져 부모-자녀 관계가 훼손된다. 이러한 문제는 이미 안전한 정서 기반을 제공하지 못하고 있는 가정에서는 말할 것도 없고, 잘 기능하고 있는 가정에서도 발생할 수 있다.

　놀이치료는 이 무언의 상처들을 치유하기 위한 목소리와 치료하는 데 필요한 방법을 제공한다. 특히 ACPT는 부모가 놀이치료실에 그냥 앉아 있거나 아동의 놀이를 수동적으로 관찰하기만 하도록 두는 것이 아니라 놀이치료 과정에 적극적으로 개입하도록 격려한다. ACPT를 실시하는 놀이치료사는 아동의 애착 욕구를 섬세하게 평가해야 할 뿐 아니라 부모의 애착 유형, 관계 경험 내용 및 관계 경험 유형 등에 대해서도 잘 파악해야 한다. 이러한 정보들은 가정에서 일어나는 관계 역동을 이해하는 데 필수적인 정보들이기 때문이다. 가족과 효과적으로 작업하기 위해서 치료사는 치료 시작 전에 부모의 애착 유형에 대해 완전하게 이해하고 있어야 할 필요가 있다.

　저자는 마거릿 톰슨(Margaret Thompson)의 가족 발달 질문지(Family Developmental Questionnaire, 질문지 전체는 〈부록 1〉 참조)를 자주 사용하는데, 이 도구는 초기 면접의 일부로 부모가 자신의 어머니, 아버지와의 애착 역사를 각각 어떻게 진술하는지 다룬다. 그런 후 부모는 아동 없이 치료사와 만나 함께 애착 역사를 점검하고 탐색한다. 자신의 성장 과정과 이 성장 과정이 자신의 양육 스타일에 어떻게 영향을 미쳤는지 유사점과 차이점에 대해 논의한다. 치료 목표는 자신의 자녀에 대한 애착이 어떻게 형성되기를 기대하는지 탐색하는 것이다. 이 과정은 아동이 놀이치료실에 들어서기 전에 이루어져야 하는 과정이다. 자녀에 대한 고민을 솔직히 나누고 신뢰 관계를 형성하기 위해서 부모를 먼저 만나는 것은 매우 중요하다(〈표 2-1〉 참조).

표 2-1 가족 발달 질문지(Family Developmental Questionnaire)

1. 어린 시절에 대해 이야기해 주세요.
2. 당신은 어떤 아이였나요? 당신이 아이였을 때 가족은 어떤 모습이었나요?
3. 당신의 어머니를 표현하는 형용사 다섯 개를 제시해 주세요.

4. 당신의 아버지를 표현하는 형용사 다섯 개를 제시해 주세요.

5. 당신의 자녀/배우자/자기 자신을 표현하는 형용사 다섯 개를 제시해 주세요.

6. 당신이 어릴 때 당신을 주로 돌봐 준 중요한 성인은 누구인가요?

7. 이 중요한 성인과의 이별 및 재결합은 어떠했는지 이야기해 주세요.

8. 당신이 아프거나 다쳤을 때를 떠올리고 이야기해 주세요.

----

9. 당신의 기억에 남는 생일을 이야기해 주세요.

----

10. 부모님과의 관계는 어떠했나요?

----

11. 현재 당신의 부부 관계, 친구 관계는 어떤가요?

----

12. 현재 당신의 자녀와는 어떤 관계인가요? 당신의 부모님들과는 어떤
    관계인가요?

_____

_____

_____

_____

_____

13. 발달 이정표와 관련된 특별한 추억들이 있을까요?
    (입학, 졸업, 결혼 등등)

_____

_____

_____

_____

_____

　　유용하게 사용되는 또 다른 애착 검사로는 부정적 아동기 경험
(Adverse Childhood Experience: ACEs)이 있는데 이 검사를 통해서는
양육자가 어린 시절에 경험한 외상에 대한 정보를 얻을 수 있다. 양
육 과정에서 경험하는 무의식적 촉발 사건, 특히 부모가 외상을 경
험했던 나이에 자녀가 도달함에 따라 부모가 재경험하게 되는 트
라우마를 알고 평가하는 것은 매우 중요한 일이다.
　　ACPT에서 상담가는 애착 이론이라는 렌즈를 통해 가족을 바라
보고, 개별적으로뿐 아니라 가족 전체 단위로 가족의 애착 유형을
측정한다. 가족을 하나의 내담자로 바라보는 시각이 중요하며 아

동 내담자에게만 초점을 맞추지 않는다. 가족 시스템을 전체의 하나로 바라보며 가족 시스템의 애착 요구를 파악한다면 치료 목표는 명확하고 간단하게 구체화될 수 있다. 이해를 돕기 위해 저자는 손 모형을 사용하는데, 이 손 모형을 사용하면 ACPT가 가족을 바라보는 관점을 이해하기가 좀 더 수월해진다. 놀이치료사는 다음의 내용을 반드시 평가해야 한다.

서로 공유되고 연결되어 있지 못한 가족   애착 시스템이 파손되거나 해체되어 있고 가족 구성원들이 서로 회피하는 경우라면, 가족이 설 수 있는 든든한 기반을 구축하기 위해 시스템 안에서 연결감과 안정감을 느끼는 순간을 만들어야 하므로 부모-자녀 치료 또는 가족치료를 시작하는 것이 중요하다. 이러한 비유가 가족의 치유는 반드시 **빠르고 쉬워야** 한다는 것을 의미하는 것은 아니다. 다만 임상가들은 이러한 비유를 통해 가족을 다시 어떻게 연결할 것인지 치료 계획을 수립하는 데 도움이 되는 함의점을 얻을 수 있다. 놀이실 안에서 안전감을 경험함으로써 부모와 아동은 치유를 가져다줄 서로 간의 신뢰감을 천천히 형성해 갈 수 있다([그림 2-1]과 [그림 2-2] 참조).

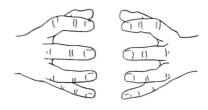

[그림 2-1] 연결되어 있지 않거나 혹은 서로 간의 개입이 부족한 가족을 보여 주는 떨어져 있는 두 손. 이 가족은 서로 연결되어야 할 필요가 있다.

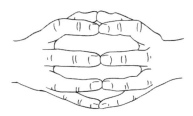

[그림 2-2] 건강하고 안정적인 애착을 형성한 가족을 보여 주는 손. 손가락이 맞닿은 부분은 안정 애착을 상징하며 남은 공간은 자율성과 연결감을 보여 준다.

적당한 분리와 개별화가 부족한 가족   가족 구성원들이 서로 경계 없이 뭉쳐 있으면서 폐쇄적이고 융통성 없는 경계선을 가지고 있는 상태라면 치료 과정에서 자율감을 만들어 가는 것이 중요하다. 예를 들어, 놀이치료사는 아동 개별치료가 진행되는 동안, 부모를 위해 외부 정신 건강 전문가에게 부부 상담을 의뢰하거나, 가족치료를 받도록 다른 가족치료사에게 보낼 수 있다. 또는 건강한 경계와 개별화를 강화하기 위해서 가족과의 작업을 시작하기 전에 아동의 자아감 및 자율성 확립 작업을 먼저 실시할 수도 있다. 그렇게 함으로써 건강한 애착 형성을 위해 필수 요소라고 할 수 있는 분화 과정이 시작되는 것이다. 분화는 사고, 표현, 정서의 자유와 자율성을 허락하는 가족 체계 안에서 가능하다. 미분화 가족은 사고, 감정, 그리고 자신들이 살아가고 있는 환경에 대해 충동적으로 반응하기 쉽다. 미분화 가족의 구성원들은 수동적이고 복종적인 모습을 보이면서도 반항적으로 행동한다. 니콜스(Nichols, 2014)는 "무엇을 생각하는지 질문받으면 느낀 것을 이야기하고, 무엇을 믿는지 질문받으면 들었던 말을 반복한다. 이 사람들은 당신이 하는 이야기에 모두 동의하거나 아니면 모두 반대할 것이다."라고 표현했다. 너무

[그림 2-3] 지나치게 밀착된 가족 체계를 보여 주는 꽉 낀 두 손

밀착되어 있는 가족 체계 안에서 이러한 일들은 아주 일상적으로 발생하며 심지어 치료실 안에서도 관찰된다([그림 2-3] 참조).

아동과 가족 체계의 애착 요구가 무엇인지 평가한 후 이를 바탕으로 세워지는 치료 계획은 애착 요구의 충족에 초점을 맞추게 된다. 이를 통해 상담자는 치료 계획 및 목표 설정 과정을 단순화할 수 있을 뿐 아니라 내담자가 지향하는 것, 내담자가 원하는 사람이 누구인지에 대한 로드맵을 그려 볼 수 있다.

📋 사례 연구 >>>>>

다음의 사례를 읽으면서 이 가족에게는 어떤 애착 요구가 있는지 생각해 보자

도미니크는 밤에 지나치게 불안해한다는 주 호소로 놀이치료실에 의뢰된 9세 소년이다. 도미니크는 최근에 심각한 악몽에 시달리고 있으며 침대에서 혼자 자는 것을 거부하고 있다. 꿈속에서 도미니크는 괴물에게 잡혀 엄마, 아빠가 없는 먼 곳에 버려지곤 한다. 도미니크는 출생 시에 사랑이 넘치는 부모님에게 입양되었다. 부모 상담에서 도미니크의 엄마는 도미니크가 자신에게만 공포를 공유하기 때문에 잠이 들 때까지 함께 침대에 누워 도미니크를 진정시키며 재우기 위해 많은 시간을 쓴다고 보고하였다.

엄마에 의하면 도미니크는 조용히 진정되어 있는 모습을 하고 있다가도 갑자기 과각성된 모습으로 바뀌어서 소리를 지르거나 운다. 이런 상황은 자정까지 계속되기 때문에 도미니크의 엄마를 많이 지치게 한다. 엄마가 침대를 떠나면 도미니크는 즉시 잠에서 깨어나 엄마를 찾는다. 반대로 아빠가 재우는 날에 도미니크는 비교적 쉽게 잠들고 자신의 공포나 걱정에 대해 아빠와 공유하지는 않는다. 아빠가 공포나 걱정거리에 대해 물어보면 도미니크는 스포츠 이야기로 말을 바꾸곤 한다. 이럴 때 아빠는 공포나 걱정에 대해 이야기하도록 강요하지 않고 도미니크가 잠이 들 때까지 그냥 스포츠에 대해 이야기 나눈다고 한다. 도미니크의 아빠는 도미니크의 모든 스포츠 팀을 지도해 왔고, 둘은 자주 야구와 농구를 함께한다.

처음에 엄마는 근본적인 불안과 더불어 행동 증상을 해결하기 위해 가족치료를 요청했다. 그녀는 아들이 혼자 치료에 참석하는 것에 불안해했고, 본인 없이 도미니크가 혼자 놀이치료실에 있는 것을 원치 않는다고 했다. 도미니크의 아빠는 업무 약속이 많아서 예정된 가족치료에 참석할 수 없다고 알려왔다. 그는 아들이 건강한 대처 전략을 배우고 두려움을 극복하기 위해서는 오히려 개별치료가 필요하다고 믿었다.

1. 각 부모의 애착 유형은 무엇인가?

_____
_____
_____
_____
_____

2. 아동의 애착 요구는 무엇인가? 아동의 애착 추구 행동은 무엇
   인가?

_____

_____

_____

_____

_____

_____

3. 아동의 애착 요구와 관련해 필요한 것은 무엇인가?

_____

_____

_____

_____

_____

_____

4. 이 가족에게는 개별화가 필요한가, 아니면 친밀한 관계가 필
   요한가?

_____

_____

_____

_____

_____

_____

애착 기반 놀이치료의 목표

애착 기반 놀이치료의 첫 번째 목표는 상담을 의뢰하게 된 가족 안에 존재하는 부적응적 행동의 기저에 있는 근본적 애착 욕구와 행동을 평가하는 것이다. 앞에서 논의했던 것처럼, 우리의 애착 욕구는 애착 추구 행동을 만들어 낸다. 부모와 함께 정서적으로나 육체적으로 안전하다고 느끼는 아이들은 성장하면서 애착 욕구를 언어로 표현할 수 있게 된다. 이 아이들은 내면의 감정뿐만 아니라 자신의 애착 욕구도 인식하도록 경험하면서 성장했기 때문에 다음과 같이 언어화할 수 있다. "아빠, 저 지금 너무 스트레스받아요. 안아 주세요." 또 자녀와 조율할 수 있는 부모라면, "너 지금 무척 답답해 보이는구나." 또는 "많이 슬프고 힘들어 보이는데 안아 줄까?" 등 자녀의 감정에 이름을 붙이고 애착 욕구를 충족할 수 있는 과정으로 안내할 수 있다. 시겔(Siegel, 2011)이 언급한 것처럼, 이름을 붙임으로써 비로소 다룰 수 있게 되는 것이다.

양가 애착이나 회피 애착을 형성한 가족 안에서 정서적 요구를 충족시켜 달라고 요청하는 것은 그 관계에 존재하는 무언의 규칙에 어긋나는 요구가 된다. 이 경우에 부모들은 아동의 정서적 요구가 충족되지 않았다는 것을 깨닫지 못하거나 아동의 정서적 요구를 바라볼 수 있는 상태가 아니기도 하다.

도미니크는 가족 안에서 사랑이 넘치는 양육을 경험하고 있지만, 각 부모를 향한 애착은 달랐다. 사실 이러한 모습은 대부분의 가정에서 관찰되는 전형적인 모습이기도 하다. 도미니크와 엄마는 매우 밀접하고 사랑이 넘치는 관계를 가지고 있지만 이 관계는 다른 한편으로는 혼란스럽게 서로 엉켜 있기도 하다. 도미니크의 엄마는 자신의 감정을 도미니크의 것과 분리하기 어려워했고, 도미니크가 자신만의 방식으로 정서와 스트레스를 경험할 수 있는 공간을 허락하지 않았다. 도미니크의 엄마는 한밤중에 도미니크가 깨서 방에 혼자 있게 되는 것을 상상하는 것만으로도 참을 수 없는 상태가 되기 때문에 도미니크가 5세가 되도록 부부와 함께 자게 했다. 치료가 진행되면서, 도미니크의 엄마는 어떻게 도미니크가 스스로를 진정하도록 도울 수 있을지에 대해 배우고, 도미니크의 스트레스에 조금 천천히 반응하도록 인내력을 키워 건강하고 안정적인 애착을 형성하도록 교육받았다. 도미니크와 아빠는 부정적 감정이 일어나지 않는 한 즐겁고 이완된 관계를 경험하는 편이었다. 도미니크의 아빠는 성장하는 동안 자신의 감정을 표현하는 데 어려움을 겪었기 때문에 도미니크와 시간을 보낼 때도 감정에 대한 이야기는 전혀 나누지 않았다. 부정적인 감정에 대해 언급하는 것을 무례하고 사려 깊지 못한 행동으로 여겼다.

애착 기반 놀이치료의 두 번째 목표는 가족 체계 안에 존재하는 애착 상처나 훼손을 규명하는 것이다.

우리는 다음 장에서 애착 상처와 훼손에 대해서 논의한 후, 가족 안에 있는 관계 상처를 진단하고 치료할 때 어떻게 ACPT를 사용할지에 대해 다룰 것이다. 애착 상처는 아동이 애착 행동을 추구했지만 애착 대상자가 수용하지 않고, 거절하고, 무시할 때 발생한다. 사실 이런 일은 모든 인간관계에서 시시때때로 발생한다. 안정 애착인 관계에서 애착 상처가 발생하면 부모와 아동(혹은 연인)은 애착 상처가 나을 때까지 애착 스펙트럼의 불안정 쪽으로 자리를 조금 이동해 있게 된다. 그러다가 애착 상처가 봉합되면 부모와 아동은 애착 스펙트럼의 보다 안전한 장소로 다시 이동하고 항상성이 시작된다.

　평범한 가족에게서 발생하기 쉬운 애착 상처의 예로는 다음과 같은 것이 있다. 하루 종일 직장에서 긴 하루를 보내고 집에 늦게 도착한 엄마는 오는 길에 저녁거리를 사야 했는데 잊었다는 것을 깨달았다. 문을 열고 들어서자 유치원생인 아이가 "엄마! 엄마! 이 그림 좀 봐! 오늘 내가 그린 거야."라고 소리치며 뛰어온다. (엄마에게 자신의 작품을 보여 주기 위해 다가오는 애착 추구 행동이 나타났다.) 그러나 피곤에 지친 엄마는 "들어오자마자 이러면 어떡해. 몇 분도 기다릴 수 없는 거니 신디! 엄마 바빠서 지금은 그거 못 봐!"라고 답한다. (애착 추구 행동이 거절되면서 애착 상처가 발생했다.) 신디는 속상해한다. (엄마나 다른 가족으로부터 떨어져 혼자 있다.) 엄마는 팬케이크와 스크램블 에그로 저녁을 빨리 만들어 함께 먹은 후, 신디를 무릎에 앉히고 말을 건넨다. "신디, 아까 네 그림 보지 않아서 미안해. 그게 너한테 얼마나 중요한 건지 엄마도 안단다. 그리고 네가 정말 열심히 만들었다는 것도 알고 있어. 지금 보여 줄 수 있니?" (애착 손상이 회복되었다.) 엄마는 그림을 보고 신디를 칭찬해 주고 꼭 안아 주었다. (애착 추구 행동이 수용되었고 엄마와 아동은 상호 개입되었다.)

　불행하게도, 임상 현장에서는 긴 시간에 걸쳐 여러 개의 애착 상처가 쌓여 서로를 이어 주는 유대감이 끊어질 정도로 닳아 버린 상태가 된 가족을 자주 볼 수 있다. 가족 시스템 내에서 거부, 배신, 실망, 상처, 트라우마, 학대 등을 지속적으로 경험하는 것은 건강한 애착 형성을 방해하며, 특히 트라우마의 경험은 관계의 손상과 안전감의 상실을 가져온다. 이때 개입과 변화가 주어지지 않으면 관계는 끊어지고 나중에 고칠 수 없을 정도의 상태가 되어 버릴 수 있다. 이렇게 애착 결합을 끊어지게 하는 트라우마를 경험할 때 우리는 그것을 애착 훼손으로 간주할 수 있다. 애착 훼손은 외상, 학대, 방임, 이혼, 장기 이별, 죽음과 같이 갑작스럽게 관계가 끝나 버릴 때 발생한다.

애착 기반 놀이치료의 세 번째 목표는 부모-자녀 간에 안전한 기지를 강화시키고 회복시키는 것이다.

부모를 공동치료사로 생각하고 치료의 적극적인 멤버이자 놀이치료실의 필수적인 파트너로 간주하고 격려함으로써 부모가 자신의 역할이 무엇인지, 그리고 치료 시간에 함께 참여하는 것이 왜 중요한지 새롭게 개념화하도록 도와야 한다. 부모의 ACPT 참여는 부모의 안전 기지로서의 역할을 복원함으로써 부모-자녀 관계를 극대화하는 데 도움이 된다. 아동이 외상적 사건을 경험하게 될 때 아동의 세계관은, "세상은 안전하고 나는 안전하게 세상을 탐색하고 놀이할 수 있어. 엄마, 아빠가 나를 안전하게 보호해 주실 거야."에서 "세상은 안전하지 않은 곳이야. 엄마, 아빠는 나를 보호할 수 없거나 혹은 나를 보호하지 않기로 결정했어."로 변하게 된다. 제7장에서 트라우마의 영향과 변화 과정, 그리고 트라우마가 애착의 결합에서 방해 요소가 된다는 점에 대해 심도 깊게 살펴볼 것이다.

통합적인 치유가 일어나기 위해서 아동은 세상 및 타인과의 관계를 안전하게 느낄 수 있어야 한다. 그리고 아동이 안전감을 갖기 위해서는 애착 대상이 아동을 있는 그대로 보고 수용해 주어야 한다. 이것이 바로 부모가 치료에 참석해야 하는 중요한 이유 중 하나인데, 부모는 ACPT에 참여함으로써 아동의 감정을—긍정적인 것이든 부정적인 것이든—있는 그대로 존중하고 수용할 수 있게 되

기 때문이다. 그리고 아동에 대한 존중과 수용은 아동이 자기 자신
을 가치 있는 존재로 느끼게 해 준다. 어떤 부모들에게는 이러한 과
정이 자연스럽게 발생하기도 하지만, 또 어떤 부모들에게는 이러
한 과정이 일어나기 위해서 양육 코칭이나 양육 상담이 별도로 필
요하기도 하다.

개입

ACPT의 시작 단계에서 치료자는 가족 관계 역동, 가족 역할, 상
호작용 방식 등을 평가하는 회기를 갖는다. 임상 서비스를 의뢰받
는 많은 가족은 놀이치료를 경계할 수 있으므로, 재미있고 즐거우
며 위협적이지 않은 개입을 사용하는 것이 좋다. 치료사가 부모에
게 놀이치료에 대해 소개하고 자녀의 치료에서 왜 부모의 존재가
그렇게 필요하고 강력한지 설명해 준다면 부모들의 참여가 더 활
발해질 수 있다. 부모의 마음을 편안하게 하기 위해 사용할 수 있
는 강력하면서도 실용적인 개입으로 길(Gil)의 가족 가계도(Family
Genogram, 2015)가 있다. 가계도는 가족 기능과 관계를 평가하기
위해 심리치료 영역에서 오랫동안 사용되어 온 방법이다(Gil, 2015;
Nichols, 2014). 이 활동의 목적은 부모나 아동이 어떤 고통, 걱정,
우려 등을 가지고 있는지 확인하고, 가족 패턴, 구조 및 기능을 평
가하는 데 있다. 부모는 가족 구성원을 표상하는 인물 피규어들을
각각 골라 모래상자에 배치하고, 각 피규어들의 걱정과 관심사를
표현한다. 부모 애착의 강점과 약점을 평가할 뿐 아니라, 부모가 자
녀 및 파트너와의 관계를 어떻게 생각하는지를 다루고, 놀이치료

의 힘과 은유를 부모에게 간단히 이해시키는 데 활용하기 좋은 개
입이다. 저자의 유튜브 채널에서 가족 가계도 기법을 사용하기 위
해 부모를 초대하고 놀이치료에 참여시키는 방법과 가족 관계 패
턴을 평가하고 이를 바탕으로 애착 기반 치료 계획을 세우는 방법
등에 대해 다룬 영상을 찾아볼 수 있을 것이다(Mellenthin, 2015).

엉킨 매듭 개입

　가족에게 애착 이론의 여러 개념을 소개하는 것은 대부분의 치
료자에게 쉬운 작업은 아닐 것이다. 이 개입에서 가족은 자신의 몸
을 소품으로 사용하여 건강하고 안전한 애착과 역기능적인 애착의
차이점에 대해 배울 수 있다. 이 기법은 가족이 함께 일하는 방식과
고통에 대한 가족의 내성이 어떤지 평가하고 애착 지향의 치료 목
표 설정과 평가 기회를 제공할 뿐만 아니라 기억에 남을 만한 교육
적 순간을 만드는 데 도움이 되는 재미있고 매력적인 활동이기도
하다. 이 기법은 세 명 이상이 함께 할 때 더 효과적이다.

방법

① 가족이 서로 마주 보고 원을 그리며 서서 팔을 앞으로 쭉 내밀
　도록 한다. 편안한 상태가 됐다면 눈을 감도록 하거나 눈 위
　에 천을 묶어 준다. 단, 외상이나 성적 혹은 신체적 학대의 이
　력이 있는 경우에는 눈을 감도록 지시하지 않는다. 이는 외상
　의 회상 또는 재경험을 유발할 수 있기 때문이다.
② 가족은 눈을 감은 채 앞으로 손을 내밀어 한 손씩 서로 잡는
　다. 눈을 뜨고 있는 것이 더 편한 가족이라면 손더미를 만든

다음 처음 닿은 손을 잡도록 요청한다.

③ 누구의 손을 잡고 있는 것인지 전혀 알지 못한 채 상대방의 손을 잡고 있는 기분이 어떤지에 대해 다룬다. 치료사는 다음과 같은 질문을 할 수 있다.

－그런 가까운 접촉에 대한 기분이 어떤가요?

－누구의 손을 잡고 있는 것인지 어떻게 알 수 있을까요?

－이렇게 다 같이 엉켜 있으니 기분이 어떤가요?

④ 가족에게 서로 손을 놓지 않고 풀어 더 큰 원을 만들도록 지시한다.

⑤ 가족이 풀리면, 그들 사이에 공간이 생기니 어떤 느낌인지, 그리고 그들이 누구의 손을 잡고 있는지 알게 되니 기분이 어떤지에 대해 탐색해 본다. 치료사는 다음과 같은 질문을 할 수 있다.

－엉켜 있다 풀리니 기분이 어떤가요?

－이 활동을 하면서 가장 어려웠던 점과 가장 쉬웠던 점은 무엇인가요?

－두 사람 사이에 공간이 있고, 서로 연결된 것을 볼 수 있는 지금 어떤 감정을 느끼나요?

⑥ 이제 치료사는 짧고 이해하기 쉬운 언어를 사용하여 가족 내 서로 다른 애착 스타일에 대해 설명한다. 예를 들면 다음과 같다.

때때로 가족은 한 사람이 어디에서 끝나고 다른 사람이 어디에서 시작하는지 알기 어려울 정도로 엉켜 있기도 합니다. 자신의 목소리를 찾거나 주변 세상을 탐험하려고 할 때마다 불안함이나 두려움을 느끼기도 합니

다. 또한 우리는 분노, 비밀, 상처, 실망으로 얽힐 수 있습니다. 이에 치료
에서 우리는 얽히지 않는 형태로 서로에 대해 강하고 건강한 애착을 형성
하려고 합니다.

⑦ 그런 다음 치료자는 가족이 치료에서 함께 다루고 싶은 다른
문제들뿐만 아니라 그들을 '엉켜 있게' 하는 것들에는 무엇이
있는지 생각해 보도록 격려한다. 치료자는 가족 놀이치료 과정
내내 갈등이 생길 때마다 이 '엉킴'의 비유를 사용할 수 있다.

가족 자기존중감 게임

이 기법은 리애나 로웬스타인(Liana Lowenstein, 2006)이 개발한
'The Balloon Bounce Family Self-Esteem Intervention'이라는 놀
이치료 기법을 활용한 것이다. 이 에너지 넘치는 기법을 통해서 가
족은 각각을 한 개인으로 바라보고 이를 통해 각자의 경험과 가치
관이 있는 그대로 수용되는 경험을 할 수 있다. 이 방법은 라포 형
성 시기, 치료 초기 평가 시기, 혹은 치료 후기에 깊어진 관계를 통
해 연결감을 느끼는 시기 등 개입의 어느 단계에도 사용할 수 있다
는 장점을 가지고 있다. 단, 치료사는 이 기법을 사용하기 전에 내
담자들에게 라텍스 알러지가 있지는 않은지 반드시 확인해야 한다.

준비물
- 마커펜
- 라텍스 풍선 6개

방법

① 내담자들에게 여섯 개의 풍선을 불도록 한다. 풍선에 다음 질
문을 적는데, 풍선 한 개당 질문은 하나씩만 있어야 한다.

－당신이 할 수 있는 것 중에 스스로가 자랑스러운 것은 어떤
것들입니까?

－무척 어려운 일을 해내었던 때에 대해서 이야기해 주세요.

－스스로가 자랑스럽게 느껴질 때에 대해서 이야기해 주세요.

－다른 사람에게 친절했던 때에 대해서 이야기해 주세요.

－스스로의 기분을 나아지게 하는 자신만의 방법에 대해서 이
야기해 주세요.

－지금 이 방에 같이 있는 사람 중 누군가에게 친절한 말을 해
주세요.

② 내담자들은 서로 마주 보고 원을 그리며 선다. 두 개의 풍선을
선택하여 가능한 한 오래 공중에 띄워 둔다는 목표를 가지고
뜨거운 감자[2] 놀이를 시작한다.

③ 풍선 중 하나가 바닥에 떨어지면 더 이상 풍선을 튕기지 않도
록 한다. 이제 모두 멈춰 서서 바닥에 놓인 풍선에 적힌 질문
을 읽고 가족 구성원 각자가 풍선에 적힌 질문에 돌아가면서
답한다.

④ 모든 사람이 질문에 답을 하고 나면, 그 풍선을 버리고 다른 풍
선을 선택한다. 풍선이 바닥에 닿을 때마다 질문에 대답하는
것을 반복하고, 때에 따라 두 개의 풍선을 동시에 하기도 한다.

---

2) 역자 주: 풍선이 바닥에 떨어질 때까지 번갈아 가면서 풍선을 쳐서 올리는 놀이.

정리

신뢰를 쌓아 안전한 기지를 만드는 데에는 시간이 걸린다. 특히 어떤 식으로든 신뢰가 깨졌거나 배신을 당한 경험이 있다면 더더욱 그렇다. 또한 신뢰는 어떤 관계에서도 손쉽게 만들어지는 것이 아니며 쌓아 올리는 데 시간이 걸린다. ACPT는 부모-자녀 애착을 강화하고, 안전 기지를 구축하며, 관계 상처를 치료하는 데 매우 효과적인 양식이다. 우리는 이 책에서 트라우마, 분리, 학대, 죽음, 슬픔 등과 같은 사건이 가족 애착 유형에 어떻게 영향을 미치는지 살펴볼 것이다. 각 장에는 상담자들이 임상 장면에서 즉시 사용할 수 있는 애착 기반 놀이치료 개입 방법이 다수 소개되어 있다.

참고문헌

Bowlby, J. (1979). *The making and breaking of affectional bonds.* London, England: Tavistock Publications Limited.

Gil, E. (2015). *Play in family therapy.* New York, NY: The Guildford Press.

Lowenstein, L. (2006). *Creative interventions for children of divorce.* Toronto, ON: Champion Press.

Mellenthin, C. (2015, October 2). *Family genogram* [video file]. Retrieved from https://www.youtube.com/watch?v=AIEd9XryYsM

Nichols, M. P. (2014). *The essential of family therapy* (6th ed.). Upper Saddle River, NJ: Pearson.

Siegel, D. J., & Bryson, T. P. (2011). *The whole-brain child.* New York, NY: Bantam Books Trade Paperbacks.

제3장

애착 욕구의 발달

들어가기

많은 사람이 애착이라고 하면 영아와 부모 간의 관계를 떠올린다. 대학원 수업 시간에 학생들은 에인스워스(Ainsworth)의 낯선 상황 절차 동영상을 시청한다. 임상가들은 어린 아동들이 양육자와 장기간 분리되었을 때 어떤 영향을 받게 되는지에 대해 오래전 볼비(Bowlby)가 저술한 보고서를 읽어 본 적이 있을 것이다. 볼비는 어머니−아동 유대관계를 묘사하기 위해 '애착'이라는 용어를 우리에게 소개하였다. 최근에 애착 연구가들이 진행하는 연구 주제는 애착이 인생 전반에 걸쳐 어떻게 변화해 가는지에 대한 것과 안정 애착이 후기 관계 형성에 어떻게 영향을 미치는지에 대한 것이다.

우리의 애착 탐색 행동은 그것이 안전 애착 성인에게서 보이는 건강하고 긍정적인 탐색 행동이든 아니면 스펙트럼의 끝 부분에 있는 부적응적이고 부정적인 탐색 행동이든 상관없이 비교적 평생 일관되게 유지된다. 이 장에서는 발달 단계에 따른 애착 탐색 행동을 기술하고 각각의 사례를 제시해 이해를 깊이 하고자 한다.

영아기: 만 0~3세

영아기의 애착 행동에는 부모가 곁을 떠나는 것에 대한 반대, 부모가 되돌아올 때의 환영, 공포를 느낄 때 매달리기, 움직임이 가능해지면 부모를 좇아 다니기 등이 포함된다(Karen, 1994). 부모를 향해 옹알거리기, 울기, 웃기 등과 함께 신체적 움직임이 가능해지면서 나타나는 손 뻗치기, 부모에게로 기어오기 등도 모두 애착 행동의 일부이다. 부모에게 근접성을 추구하는 이러한 행동들은 영아의 생존에 필수적인 요소라는 진화론적 설명이 가능하다. 이러한 근접성 유지가 거듭되면서 아동과 부모는 서로 기쁨, 사랑, 안정감을 느끼게 된다. 그리고 결국에는 부모와 자녀 간에 친밀하고 안정적인 연대감이 형성되는 것이다.

애착 욕구를 지속적으로 충족시키면서 성장한 아기는 자아감, 확신, 자아존중감과 함께 초등학교부터 시작되는 도전의 순간들을 건강하게 대처할 수 있는 전략을 지니게 된다. 안정 애착을 형성하며 발달한 아기는 심리적·사회적 그리고 인지적인 유능감을 보여 준다. 반면 불안정 애착을 가진 아기는 발달해 가면서 종종 어려움을 겪게 되는데, 특히 정서·사회적 유능감 및 정서 조절 획득에서 어려움을 겪는다(White, 2014).

부모가 아동에게 양육과 보살핌을 제대로 제공하지 못할 때 부모와 아동 사이에는 불안정 애착이 발달하게 된다. 영아는 부모의 얼굴 생김새를 분별하고 반응하는 법을 매우 빠르게 배울 수 있다. 부모가 미소 짓는 행복한 얼굴을 보여 주면 아기는 이 공유된 경험에 대해 미소, 옹알이, 기쁨 등으로 반응하고, 부모를 즐겁게 만든다. 그러나 산후우울증, 정신 질환, 약물 남용, 외상, 스트레스 등을 경험하는 부모는 건조하고 멍한 표정으로 반응하기 쉽고, 아기의 신체적 욕구에는 반응하지만 애착 탐색 행동에는 반응하지 못할 수 있다. 그러면 영아는 상호작용을 중단하고, 눈맞춤에 응하지 않으며, 조용해지거나 혹은 반대로 부모의 개입을 얻어 내기 위해 끊임없이 울고 소리 지를 것이다.

높은 수준의 스트레스와 학대, 외상 등을 경험하는 아기는 어떤 애착 추구 행동에도 반응하지 않거나 반대로 매우 부적응적인 애착 추구 행동을 만들어 낸다(Stubenbort, Cohen, & Trybalski, 2007). 이때 부모는 아기들에게 편안함의 원천이 되기보다는 공포와 불확실성의 원천이 된다. 이것은 아기들에게 매우 혼란스럽고 무질서한 삶을 살게 하는 것과 같다.

🖉 사례#1 >>>>>

제니퍼는 수년간 불임을 겪어 왔기 때문에 임신 사실을 알았을 때 매우 놀랐다. 제니퍼는 체외 수정을 통해 여러 아이를 임신했으며 현재 7세 미만의 자녀 넷을 두고 있다. 마지막 출산에서 조산, 출산 합병증 등 매우 높은 수준의 스트레스를 경험했기 때문에 다시 아이를 갖게 된 것이 기쁘면서도 한편으로는 두렵게 느껴졌다. 초음파 검사에서 제니퍼는 쌍둥이 딸을 임신했다는 소리를 들었다. 이 소식을 들었을 때

제니퍼는 놀라움, 기쁨, 두려움 등 다양한 양가감정을 경험했다. 생후 15개월 된 막내아이가 최근 인플루엔자로 입원했다가 건강을 회복한 지 얼마 되지 않은 시점이었다.

제니퍼는 23주에 자연 분만을 하였다. 중간에 진통이 중단되면서 급히 병원으로 이송되었는데 쌍둥이 중 한 명을 유산했다는 가슴 아픈 소식을 들었다. 생존한 태아는 건강해 보였지만 예방 차원에서 입원을 하였다. 제니퍼는 이 예상치 못한 상실에 슬퍼하다가 결국 심각한 우울증을 갖게 되었다. 23주 만에 제니퍼는 조산으로 딸을 출산했고 몇 주 동안 신생아집중실에 두어야 했다. 제니퍼와 남편은 매일 신생아집중실에서 딸과 함께 몇 시간씩 보냈지만 여전히 제니퍼는 쌍둥이 중 한 명이 죽었을 때 겪었던 슬픔과 상실감에 휩싸여 있었다. 아이를 가질 때마다 제니퍼의 산후우울증은 현저하게 악화되어 왔고, 최근 출산에서 더욱 진행되었다. 쌍둥이 중 한 명을 잃은 제니퍼는 슬픔과 상실감에 시달림과 동시에 다섯 아이를 키워야 한다는 사실에 압도당했다.

사례#2 >>>>>

데릭과 폴은 7년 전쯤 결혼해서 많은 아이를 입양했다. 그들은 항상 아이를 입양하는 것에 대해 이야기를 나눠 왔고, 결국 양부모가 되기로 결정했다. 어느 날 밤, 사회복지사가 전화를 걸어 응급 가정위탁이 필요한 아기가 있는데 받아 줄 수 있는지 물었다. 데릭과 폴은 아이를 데리러 곧장 사회복지사 사무실로 달려갔다. 폴과 데릭은 둘 다 이 아기를 보는 순간 깊은 유대감을 느꼈고 몇 달 동안 잘 돌보았다. 결국 사회복지사는 데릭과 폴에게 이 아기를 입양할 의사가 있는지 물었고, 그들은 이에 동의했다. 데릭과 폴은 아기를 잘 지원할 자원을 가지고 있었고, 주변 직계가족 모두 위탁아이를 입양하기로 결정한 것에 대해 매우 지지적이었다.

걸음마기와 학령전기: 만 3~5세

걸음마기와 학령전기 아동의 복잡한 사회적 능력(공유, 도움 요청, 친구 사귀기 및 유지, 탐구 놀이 및 지식 형성)은 가정 내에서 형성된 애착의 영향을 받는다. 아동에게 꾸준히 따뜻한 양육이 주어지면서 놀이, 체험, 독립적 관찰을 통해 스스로 탐구할 수 있는 시간이 허락된다면 아동은 건강한 친사회적 기술, 대처 전략, 정서적 조절 능력을 쌓고 발전시킬 수 있다.

아동이 성장함에 따라 애착을 추구하는 행동은 변형되지만 비슷한 패턴을 유지하는 부분도 있다. 건강하고 안정적인 관계라면 아동은 두렵거나 화가 났을 때 그 관계 안에서 위로와 위안을 찾는다. 아동이 자기조절, 사회성, 공감, 자존감 등 중요한 기술을 배우는 것은 이러한 상호작용과 부모와의 유대감을 통해서이다. 아동의 애착 욕구가 일관되게 충족될 때 아동은 자신이 사랑받을 만한 가치가 있고 또 현재 사랑받고 있다는 것을 배우게 된다. 아동은 점점 정확하게 말로 표현할 수 있게 된다. "아빠, 아빠가 필요해요." "침대에 혼자 있으면 너무 무서워요. 함께 있어 주세요." 또는 두 손을 뻗으며 "안아 주세요."라고 말이다. 부모가 위로와 양육의 말로 반응해 주면 조화롭고 안전한 순간을 함께 만들어 낼 수 있다. 아동은 부모가 자신을 있는 그대로 주의 깊게 살피고 있으며(seen), 자신은 그런 부모로부터 사랑받을 만한 가치가 있는 존재라고 느끼며 성장한다.

반면 불안정 애착을 경험한 학령전기 아동은 종종 충동을 통제하는 데 어려움을 보이며, 좌절에 대한 내성이 낮아지고, 불안 수준이 높아질 수 있다. 또한 친구를 사귀고 유지하는 데 어려움을 겪거나 또래 관계에 너무 집착하는 것처럼 보일 수도 있다. 때로 유치원 선생님에게 집착하다가도 선생님이 대체 애착 대상이 되었다고 느껴지는 순간 오히려 회피 행동을 보이기도 한다. 회피 애착 패턴을 가진 아동들은 방어적이거나 무시하는 모습을 보일 수 있다. 또한 부정적인 정서, 변덕, 우울감 등을 나타낼 수 있다(Karen, 2014). 연구에 따르면 불안정 애착을 가진 아동들은 주변 성인들뿐만 아니라 또래들 사이에서도 친밀하지 않거나 접근하기 어려운 것으로 나타났다. 그리고 이 아동들은 이러한 사회적 상황을 내면화하게 되고, 결국 사랑받지 못할 수 있다는 것을 배우면서 건강한 관계를 만드는 능력에서 큰 차이를 드러내게 된다.

사례 >>>>>

미라벨은 엄마, 아빠와 매우 친밀한 네 살짜리 아이였다. 그녀는 주변으로부터 항상 명랑한 소녀라는 평가를 들었다. 미라벨은 주변 세상을 즐기며, 친구들과 놀고, 유치원에 다니고, 대가족과 시간을 보냈다. 미라벨의 부모님은 대가족과 매우 친밀하게 지내는 편이어서 주말에는 부모님과 형제자매뿐만 아니라 수많은 사촌과 함께 시간을 보내곤 했다. 어느 날 명절을 함께 보내기 위해 조부모님 댁을 방문했을 때, 미라벨이 갑자기 비명을 지르며 "난 안 들어갈 거야! 거기 가기 싫어!"라며 발작적으로 울기 시작했다. 평소와 너무나도 다른 미라벨의 행동에 부모님은 매우 놀랐다. 미라벨을 충분히 진정시킨 후 지금 어떤 기분인지 그리고 무엇 때문에 그런 감정이 드는 건지 물어보자 지난 두 번의 방문 동안 삼촌이 그녀의 질을 '만졌다'고 이야기했고, 마지막 만졌을 때 다쳐서 아팠다는 것을 듣게 되었다. 이야기를 마친 미라벨은 다시 흐느끼기 시작했고 이건 특별한 게임이니 아무에게도 말하지 않기로 한 삼촌과의 약속을 어겼다며 더 크게 울었다.

　미라벨의 부모님은 미라벨이 잘못한 것은 아무것도 없으며 엄마, 아빠와 함께라면 안전할 것이고, 그 '게임'은 다신 일어나지 않을 것이라는 확신을 주었다. 부모님은 곧장 집으로 돌아가 미라벨을 안아 주고, 미라벨이 좋아하는 노래를 불러 주고, 등을 문지르며 위로의 말을 해 줌으로써 미라벨이 마음을 진정시키고 집에서 안전함을 느낄 수 있도록 도와주었다. 미라벨이 평온을 되찾자마자, 그녀의 부모는 경찰에 전화를 걸어 딸이 말한 것을 신고하였다. 또한 CPS에[1] 연락하여 학대 사실을 알렸다. 미라벨은 다음 날 법의학 담당 형사들과 인터뷰를 했고 얼마 지나지 않아 놀이치료 서비스를 시작하였는데 담당 놀이치료사에게 잘 반응했고 빠르게 친해지는 편이었다. 미라벨은 종종 엄마와 함께 놀이방에 가자고 요청하기도 했는데, 그녀의 치료사는 그때마다 기꺼이 어머니를 치료 과정에 포함시켰다. 미라벨의 아버지 역시 딸이 요청할 때마다 놀이치료에 참석했으며 가족치료에도 적극적이었다. 놀이치료에 누구와 참석할 것인지를 미라벨이 결정하게 함으로써 미라벨은 자신과 상황에 대한 통제감을 되찾을 수 있었다. 미라벨이 안전감과 안정감을 다시 형성하는 데 부모님들은 중요한 역할을 수행해 주었다. 결국 부모님과 함께 미라벨은 자신이 겪었던 성적 학대를 극복할 수 있었고, 안정 애착을 재건할 수 있었는데, 이는 미라벨이 사건 이전에 이미 부모님과 안정적인 애착 상태였다는 점이 크게 영향을 미쳤다.

---

1) 역자 주: CPS(Child Protective Services: 아동학대 발생 후 아동에 대한 개입을 계획하고 주관하는 캘리포니아 개입 시스템.

잠재기: 6~11세

아동 중기에 해당하는 초등학교 시절은 사회적 도전이 증가하는 시기일 뿐 아니라 가족 역학에 변화가 생기면서 새로운 우정과 애착을 형성해 볼 기회가 생기는 시기이다. 어떤 부모들은 자녀가 독립적인 모습을 갖추면서 부모에 대한 요구가 줄어드는 덕분에 발생하는 자유시간을 즐겁게 수용한다. 즉, 학교 선생님이나 또래 등 아동이 외부에서 만드는 애착의 중요성을 인정하고 지지하는 것이다. 보통 가정 밖에서는 교사가 그 어떤 성인보다도 학령기 아동과 많은 시간을 보내는 대상이다. 불안 애착의 부모들은 자녀의 이런 자율성 때문에 오히려 힘들어하며 자녀의 사회적 관계, 교실 경험, 또래 다툼, 상처 등에 지나치게 관여하게 된다. 교사의 권위를 깎아내리려 하거나 자녀가 선생님과 공유하는 긍정적 시간들을 경멸하고 무시하는 행동을 하기도 한다. 이런 상황에서 아동은 학교와 가정을 분리시키고 정보를 공유하지 않는 법을 터득해 나간다.

혼란스러운 가정 환경, 경제적 스트레스, 그리고 노숙과 같은 일들로 인해 많은 아동에게—특히 미국에서—오히려 학교가 안전한 안식처가 되곤 한다. 미국 국립빈곤아동센터(National Center for Children in Poverty, 2018)에 따르면 미국 아동의 21%가 연방 빈곤 기준 이하의 소득을 가진 가정에 살고 있다. 이는 1,500만 명의 아이들이 음식, 쉼터, 건강 관리 그리고 안전한 부모가 부족한 상태에 있다는 것을 의미한다. 또한 42%의 아동들이 기본적인 욕구가 거의 충족되지 않는 저소득 경계 수준의 가정에 살고 있다. 이 아동들에게는 깨끗하고 날씨에 적절한 옷차림을 제공받거나, 미소를 받거나,

존재로서의 가치를 인정받는 곳이 가정이기보다는 학교일 수 있다. 그래서 꽤 많은 아동에게 학교 환경은 일관성, 구조, 양육을 경험하는 유일한 장소가 되기도 한다. 가난 속에서 사는 것은 아동의 사회적·정서적·신체적·인지적 발달에 매우 해로운 영향을 미칠 수 있다. 학교 내 성인 및 또래들과 친분을 형성하고 유지하는 능력을 발달시키는 데 영향을 미칠 수 있으며, 이로 인해 아동은 양가 애착, 또는 경우에 따라서 비조직형 애착에 머무르게 된다.

📋 사례 >>>>>

　　올해 9세인 폴의 부모님은 이혼을 하였다. 폴은 주로 아버지와 함께 살며 격주로 주말에 한 번, 주중에 한 번 어머니를 방문한다. 예측 가능하고 일관적이었던 가정 생활은 혼돈으로 바뀌어 갔고, 폴 내면의 감정들도 그러했다. 폴은 어머니를 그리워했고, 아버지가 강요해서 어머니가 가족을 떠나게 되었다고 믿었기 때문에 아버지를 원망하고 있었다. 폴은 집과 학교에서 다른 사람들에게 화를 자주 내고 공격적인 모습으로 바뀌어 갔다. 폴의 아버지는 폴의 공격적이고 반항적인 행동들을 어떻게 다뤄야 할지 몰랐고, 관계가 좋지 않은 아내에게 도와달라는 요청을 할 때마다 자기 자신이 무능하게 느껴졌다. 그는 아내가 도와주지 않으면 어쩌나 두려워하면서도 폴에 대한 완전한 양육권을 원했다. 폴의 선생님은 폴의 행동과 기분의 변화를 알아차렸고, 이어서 폴의 집안 상황을 알게 되자 폴이 교실에서 수용되고 환영받는다는 느낌이 들 수 있도록 돕기 위해 집중적인 노력을 하기 시작했다. 선생님은 종종 폴에게 반장의 역할을 부여하거나 폴에게 진정과 휴식이 필요하다고 판단되면 교무실로 '특별한 심부름'을 보내곤 했다. 학교 사회복지사는 폴의 분노를 이해하고 폴이 겪고 있는 근본적인 슬픔과 상실 문제를 해결하기 위해 폴과의 상담을 요청하였다. 어머니, 아버지 모두 학교 사회복지사가 아들과 함께 작업하는 데 동의했고 폴은 일주일에 한 번 만나는 일정으로 상담을 시작하였다.

처음에 폴은 수업에서 따로 나와 사회복지사와 만나야 하는 것에 대해 달가워하지 않았다. 쉬는 시간에 아이들에게 화를 내거나 심술궂은 말을 해서 불려가는 것은 아닌지 걱정했고 꾸중을 들을까 봐 염려했다. 사회복지사는 미니어처 장난감 바구니와 모래상자를 꺼내 놓고 장난감을 이용해 모래 위에 3D 사진을 만드는 것에 관심이 있는지 물었다. 처음에 폴은 어찌해야 할지 몰라 조심스럽게 모래 속에 손가락을 넣기 시작했다. 그러나 폴은 이내 모래가 손가락에 닿는 느낌이 마음에 들었고, 그러자 모래 속에서 손을 앞뒤로 움직여 보았다. 학교 사회복지사는 이 활동이 폴에게 진정되는 경험을 제공한다는 것을 알아차리고 기억해 두었다. 매 회기 동안 폴은 모래상자 개입에 참여하고 상징적인 작업을 통해 자신과 부모에게 일어난 변화들을 탐색했다.

폴은 부모가 이혼 절차를 밟으면서 양육권 합의를 마무리하는 몇 주 동안 사회복지사를 지속적으로 만났으며 점점 이 특별한 시간을 기대하고 이 시간을 통해 중요한 내면과 외부의 변화를 만들어 갔다. 폴은 자신이 친구들과 즐겁게 상호작용하는 예전의 모습으로 되돌아가고 있다는 것을 깨달았다. 일이 뜻대로 되지 않더라도 그렇게 심하게 화를 내지 않게 되었다. 심지어 가정과 일상이 조금씩 안정을 찾아갈 즈음 자신이 아버지를 조금씩 용서하고 있다는 것도 깨달았다. 사회복지사는 학교에서 비슷한 문제를 겪고 있는 다른 아이들과의 모임을 주선하였고, 폴은 이 모임을 통해 자신이 이 어려운 도전을 경험하는 유일한 사람은 아니라는 것을 깨닫기 시작했다. 폴의 치료는 학기 말에 종결되었고, 폴이 필요하다고 생각한다면 내년에도 학교 사회복지사와 만나겠다는 약속으로 끝을 맺었다.

청소년기: 12~18세

아이가 10대로 성장함에 따라, 대부분의 가족은 큰 스트레스와 전환을 경험한다. 많은 부모는 사춘기 자녀의 자유와 책임 사이에서 균형을 찾기 위해 고군분투하게 된다. 게다가 청소년 자녀의 분리와 개성이라는 발달 과제가 시작됨에 따라 가족보다는 친구와 더 많은 시간을 보내고 싶어 하게 되는데, 이것은 부모와 사춘기 자녀 간의 갈등을 심화시키는 원인이 되기도 한다. 일부 부모는 마치 어린 자녀를 잃은 듯한 슬픔에 잠겨 청소년 자녀를 집에 사는 이방인처럼 느끼기도 한다. 반대로 또 다른 부모들은 자녀가 사춘기로 성장하는 것을 자랑스러워하고, 성인 대 성인의 관계가 시작된 것에 대해 기쁨을 표현하기도 한다. 이 시기에 부모가 느끼는 방식에 옳고 그른 방법은 없지만, 어쨌든 이 시기가 안전하고 건강한 애착을 유지하는 것이 매우 어려운 시기인 것은 분명하다.

사춘기 애착 발달의 특징은 스트레스를 받을 때 부모에게 의지하여 이 욕구를 충족시키는 대신 친구와의 관계에서 위로와 위안을 얻는 방향으로 변화한다는 것이다. 또한 청소년들은 자신만의 개성을 만들어 가는 과정에서 부모에게 무관심이나 적대감을 표현하기도 한다. 한때 발랄하고 수다스럽고 매력적이었던 초등학생 아들이 냄새 나고, 근육이 발달하고, 그러면서 단조롭고, 단답식의 대답만 하고, 한밤중에 무지막지하게 먹는 기계로 변해 버린 것 같은 상황에 대해 많은 부모는 슬픔과 우려를 표명한다. 그리고 우리 아이가 이 상태로 그대로 머무는 것인지, 아니면 원래 알던 수다스럽고 매력적인 아이로 되돌아갈 것인지 궁금해한다. 다행히도, 발달 과정에서 안정 애착이 존재했다면 위기의 청소년기라도 안전한 연결이 가능해 결국 대부분의 문제는 복원이 된다.

안정 애착을 가지고 있는 10대들은 그러한 기반을 가지고 있지 않은 10대들보다 질풍노도의 시기를 조금 더 쉽게 헤쳐 나간다. 청소년들은 부모보다 친구를 더 찾지만 여전히 부모를 가장 큰 지지자로 여기고, 4대 핵심 애착 개념을 그대로 유지한다. 청소년은 부모-자녀 관계에서 안정감을 느낄 때 세상에 대한 호기심을 자유롭게 충족시켜 나갈 수 있다. 염색으로 새로운 머리카락 색깔을 시도하거나 지금까지와는 다른 자신만의 '나 알기 프로젝트'를 해 보면서 말이다. 또한 안정 애착의 10대들은 자존감, 사회적 역량 그리고 자기가치감이 더 높은 경향을 보인다(de Vries et al., 2014). 애착이론가들은 청소년기의 안정 애착이 친밀감과 신뢰감을 주기 때문에 기분과 불안 증상의 완충제 역할을 한다는 의견을 오래전부터 제시해 왔으며 현재의 연구들 또한 같은 결과를 제공하고 있다(Green, Myrick, & Crenshaw, 2013). 연구에서는 관계의 질과 애착이 불안정한 것에 반비례하여 10대의 정신건강 위험이 크게 증가하는 것으로 나타났다(Green et al., 2013).

자라면서 안전한 애착을 경험하지 못한 청소년들에게 청소년기는 상당한 시련과 고난이 가득 찬 도전적 시간이 된다. 청소년이 성공적으로 성인기에 진입하기 위해서는 강한 자아감이 필요한데, 자신의 세계를 스스로 탐색하거나 부모로부터 독립을 허락받은 적이 없는 청소년은 자아감 발달이 불가능했거나 부족할 수 있기 때문이다. 연구에 따르면 마약과 알코올 사용, 자해 행동, 극심한 갈등 등 높은 수준의 외현화 행동들은 안정 애착이 없는 청소년들에게서 흔히 나타난다. 때때로 이러한 행동은 부모의 관심이나 양육을 얻기 위한 순간적인 시도일 수 있다(Green et al., 2013). 또 다른 10대들은 우울증, 자신과 타인에 대한 지나친 통제, 높은 수준의 불안 등으로 나타나는 내재화 행동들을 나타내기도 한다.

우리는 아이가 생애 초기 몇 년 동안 부모-자녀 관계 안에서 세상을 여행하고, 정서를 조절하며, 건강하고 적응적으로 자신의 감정을 표현할 줄 알게 된다는 것을 알고 있다. 건강한 관계에 대한 로드맵이 없는 청소년은 다른 사람들과의 건강한 관계를 발전시키는 데 어려움을 겪을 수밖에 없다. 양가적이거나 회피하거나 혼란스러운 애착을 갖게 되면 또래와의 일탈, 공격성, 약물 남용, 낮은 질의 부모-자녀 관계 등의 문제가 현저히 증가한다(de Vries et al., 2015).

사례 >>>>>

15세의 제레미는 최근 법적 후견인이 이모와 삼촌으로 바뀌었다. 몇 년 전 어머니가 알코올 중독으로 인한 합병증으로 세상을 떠나고 아버지는 약물 남용과 알코올 중독으로 투옥이 반복되면서 결국 제레미가 위탁 가정에 맡겨진 후의 일이다. 제레미의 아버지는 제레미가 어릴 때부터 음주 운전 혐의로 여러 번 체포되었다. 제레미는 아버지가 가장 최근에 음주 운전으로 체포되었을 때 차 안에 함께 있었다. 이미 과거에 경찰과의 실랑이가 많았던 탓에 결국 아버지는 징역을 선고받았고, 제레미는 범죄의 희생자로 간주되어 아버지 면회를 가지 못하게 되었다.

제레미는 오랜 세월 동안 대가족과 교류해 왔고 특히 이모와 친밀한 관계를 유지해 왔다. 그 덕분에 이모가 법적 후견인이 된 후 제레미는 정상적인 일상에 빨리 적응하는 것처럼 보였고 이모의 요청과 지시에 잘 응했다. 그러나 이모부와 교류하는 데 어려움을 겪었고 냉담한 모습을 나타내었다. 제레미의 아버지는 감옥에서 풀려나자 아들의 양육권

을 포함한 친권을 찾기 시작했다. 그는 제레미의 이모를 명예훼손 혐의
로 고소하고 장기간의 양육권 싸움을 시작했다. 그런 아버지의 모습에
제레미는 급격하게 높은 수준의 불안과 우울을 경험하게 되었고 심지
어 침대에서 혼자 자는 것을 거부하였다. 제레미는 이모 침실 바닥에서
잠을 자기 시작했고, 학교 다니기, 친구들과 놀기, 지역 행사나 동네 모
임에 참석하기 등을 모두 거부하면서 이모 곁을 떠나지 않으려고 했다.

성인 초기: 18~24세

성인 초기에 접어든 10대 청소년들에게도 애착 욕구는 여전히
남아 있지만, 부모나 또래들과 좀 더 어른스러운 관계를 맺어 감에
따라 애착을 추구하는 행동들도 조금씩 수정되기 시작한다. 안정
애착을 가진 젊은이들은 부모, 연인, 깊은 우정, 멘토 등 다양한 애
착 대상을 가질 수 있다. 이렇게 다양한 애착 대상은 1차 애착 대상
과의 격차를 메워 줄 뿐만 아니라 자율성과 지속적인 자아 발달에
도 도움을 준다.

연구에 따르면 초기 성인들은 생애 초기에 형성한 내적 작동 모
델을 계속 유지하고 자신이 부모가 되어서 자녀를 양육할 때에도
사용하게 된다. 건강하고 안전한 관계를 경험하며 성장한 성인은
그렇지 못한 성인에 비해 훨씬 쉽게 타인과 건강한 관계를 만들 수
있다. 이러한 젊은 성인들이 연인 관계를 형성하면, 새로운 유대관
계 내에서 강렬한 정서적 각성—그것이 긍정적이든 부정적이든 간
에—을 포함하는 애착 행동을 지속적으로 추구하게 된다(Shapiro,
2010). 분리, 관계의 중단 및 유기의 위협 등에 의해 파트너의 애착

시스템이 활성화 될 때 이러한 사건에 어떻게 대응할 것인지는 과거에 경험한 관계에서 일어난 일들로부터 강한 영향을 받는다.

이상적인 애정 관계에서 각 파트너는 서로 보살핌의 역할을 하며, 일관성, 조화, 양육, 정서적 안전 등에 대한 서로의 요구를 충족시킬 수 있다. 서로의 영향력을 조절하며 자율성을 유지하고 자아발견을 돕는다. 반면 파트너 중 한 명 혹은 두 명 모두가 성장하는 동안 불안정한 애착을 경험했다면, 유기나 거절에 대한 두려움을 느꼈을 때 안전한 피난처를 형성할 수 있는 능력이 압도되거나, 안전한 피난처를 만들 수 있다는 믿음을 발달시키지 못하게 된다.

▨ 사례 >>>>>

18세 사라는 최근 가족을 떠나 대학 기숙사로 이사했다. 사라는 항상 집에서 형제, 자매, 부모님과 함께 살아왔기 때문에 처음으로 혼자라는 생각에 들떠 있었지만 동시에 불안감도 컸다. 부모님은 몇 시간 떨어진 곳에 살았고 필요하거나 원하면 언제든 방문할 수 있었다. 처음 기숙사 생활을 시작한 며칠 동안 사라는 엄마에게 쉴 새 없이 전화를 걸어 확인하거나 질문을 했고, 엄마에게 아무 질문이나 하면서 새로운 곳에서 자신이 안전하다는 것을 확인받으려고 했다. Face Time을 이용해 여동생에게 교정을 보여 주거나 룸메이트를 소개하기도 했다. 시간이 흐르면서, 사라는 함께 사는 사람들이나 학급 동료들과 새로운 우정 관계를 형성하기 시작하면서 엄마에게 전화를 점점 덜 하고 있다는 것을 깨달았다. 사라는 학교 동아리에 가입했고, 이를 계기로 사회적 기회를 향상시켜 나갔다.

학교 동아리 활동을 하던 중에 사라는 한 친구를 만났는데 순간적으로 마음이 끌렸다. 그들은 밤새워 대화를 나누기도 하면서 빠른 속도로 친밀해졌고 결국 사귀게 되었다. 사라는 이렇게 소용돌이치는 강렬한 감정을 느껴 본 적이 이전에는 없었다. 고등학교 때도 연애를 했지만, 이렇게 진지하고 강렬한 연애는 아니었다. 그러다 사라는 남자친구가 점점 더 많은 관심과 시간을 요구하기 시작한다는 것을 알아챘다. 도서관에서 혼자 공부하는 시간마저도 그에게 알리지 않고 계획을 세웠다면 화를 내거나 적대적으로 굴었다. 그는 사라가 자신에게 모든 관심을 기울이지 않는다며 종종 뾰로통해지거나 심술궂게 굴었다.

사라의 부모님은 딸과 남자친구의 관계에 대해 점점 더 걱정을 하게 되었고 사라를 위해 대학을 방문하기로 결정했다. 저녁 식사 동안 사라는 남자친구로부터 어디에 있는지, 언제 집에 올 것인지를 묻는 25개 이상의 문자메시지를 받았다. 마지막 문자들은 당장 전화하지 않는다며 화난 어투로 끝을 맺는 문자들이었다. 사라의 부모님은 사라가 이런 상황에 대해 어떻게 느끼는지 함께 이야기 나누었고, 부모님과 대화하면서 사라는 자신을 돌보는 것보다 남자친구의 정신 건강을 돌보는 것에 점점 더 책임감을 느끼고 있었다는 것을 깨달았다. 사라의 부모님은 안전에 대한 조치를 취한 후 이 관계를 끝낼 수 있도록 도와주었다. 그들은 사라가 이 문제를 해결하는 동안 딸을 지원하기 위해 며칠 동안 대학 근처에 머물기로 결정하였다. 사라가 남자친구와 헤어지는 것에 대해 이야기하러 갔을 때, 그는 사라가 말을 꺼내기도 전에 더 이상 그녀를 보고 싶지 않고 아무것도 함께 하고 싶지 않다고 해서 사라를 놀라게 했다. 그는 즉시 방을 떠나 다시는 사라에게 연락하지 않았다. 사라는 자신의 감정과 이 경험을 이해하기 위해 대학 상담사를 만나기 시작했다. 사라의 부모님은 그녀를 지지하고 보살펴 주었고, 필요하면 주말 동안 집에 와 있도록 권했으며, 며칠에 한 번씩 그녀에게 전화를 걸어 상황을 점검했다.

성인기: 25세 이상

초기 발달 단계와 마찬가지로 성인기에 도달해도 인간은 자신의 애착 유형과 내적 작동 모델에 의해 용인되는 애착과 친밀감을 찾고 추구한다. 연애 기간 동안 애착을 찾는 행동은 초기 단계와 마찬가지로 지속된다. 그런데 가족을 형성하기 시작하면, 부부 관계에 새로운 발달적 변화가 일어나기 시작하고, 이는 각 가족 구성원의 애착 욕구를 활성화시킨다. 성인 자신이 부모가 되었을 때 자녀를 어떻게 보살필 것인가의 모델은 부모 자신이 자신의 부모와의 관계에서 형성한 애착 스타일을 반영한다.

안정 애착을 가진 사람들은 그들의 자녀에게 안전하게 애착을 줄 수 있는 부모가 되기 쉽다. 그들은 신뢰롭고 일관되게 양육할 수 있으며, 자녀와 효율적으로 조율하고, 자녀뿐 아니라 자기 자신도 조절할 수 있다. 반면 불안정 애착을 가진 부모들은 종종 신뢰롭지 못하거나 일관성이 없어 자녀의 욕구를 충족시키는 데에도 변동이 많다. 그래서 부모-자녀 관계 안에 불확실성과 두려움을 남기게 된다. 이렇게 두려움에 기반한 양육을 하기 때문에 자녀의 탐색과 개별화를 허용하지 않는 부모-자녀 관계를 만들게 되는 것이다.

부모가 해결되지 않은 외상 경험을 가졌거나 학대의 피해자거나 혼란 애착을 가지고 있을 때에는 자녀에게 조율할 수 없거나 정서적 또는 육체적 욕구를 적절하게 충족시켜 줄 수 없게 된다. 이들은 자녀를 방치하거나 가혹한 처벌을 하는 등 효과적인 양육이 불가능하다. 부모가 자신의 부정적 정서를 견딜 수 없고 스스로를 조절할 수 없다면 학대는 불행한 세대 간 결과가 된다(Shapiro, 2010).

ⓘ 사례 >>>>>

　라토야는 육아 스트레스와 남편에 대한 불만으로 몇 달 전부터 상담사를 만나고 있다. 라토야는 상담에서 아이들의 요구에 압도되는 느낌과 아이들이 눈앞에 보이지 않거나 귀에 들리지 않는 경우 높은 수준의 불안을 경험하는 것에 대해 다루었다. 이는 착한 엄마가 되고 싶지만 착한 엄마가 되어 주지 못하고, 아이들을 두고 떠나기 두려워하면서도 24시간 아이들과 함께 지내는 것에 화가 나는, 두렵고 고통스러운 양육 경험을 만들어 내었다.

　라토야는 가족사를 탐색할 때 어머니와 매우 친밀하며 매일 대화를 나눈다고 보고했다. 라토야는 어머니의 가장 친한 친구였기 때문에 어린 시절부터 성인이 된 지금까지 부모님의 논쟁과 갈등의 중심에 있곤 했다. 라토야는 자신의 아버지를 훌륭한 분이라고 표현했지만, 아버지와 단둘이 있는 시간이 그리 많지는 않았다고 말했다. 라토야에게는 몇 명의 형제자매가 있었고, 여동생을 가장 친한 친구라고 표현한 반면, 남자 형제들에 대해서는 무관심한 듯 아무 표현도 하지 않았다. 상담이 끝날 무렵, 라토야는 지나가는 말로 어린 시절 내내 아버지와 오빠들에게 성폭행을 당했다고 말했다. 이것은 그녀의 치료 중에 공개된 적이 없는 것이었다. 결국 라토야는 어린 시절 경험한 학대라는 트라우마를 극복하고 건강하고 명확한 경계를 설정하고 유지하는 법을 배울 수 있었고, 이는 아이들과의 관계를 회복하는 데 도움이 되었을 뿐 아니라, 두려움에 기반한 육아 상호작용을 감소시켰다.

아기 핸드프린팅

가족 기반 놀이치료 기법 중 하나인 아기 핸드프린팅 개입법은 다양한 연령과 단계에 걸쳐 사용될 수 있다. 어린 아동들과 부모들, 10대 청소년들과 부모들뿐 아니라 부부치료 및 성인 자녀와 노부모들에게도 사용되어 왔다. 가족에게 활용할 때에는 치료자와 가족 사이에 강한 치료적 관계를 형성한 후 치료의 작업 단계에서 사용하는 것이 가장 적절하다. 이 기법을 통해 부모는 자녀의 감정과 경험을 건강한 방식으로 인정 및 수용할 수 있다.

준비물
- 베이비파우더(강한 향 때문에 힘들어하거나 알러지 반응이 있다면 옥수수 전분을 사용해도 됨)
- 핸드로션(유향과 무향으로 다양하게 준비)
- 검은색 도화지

방법(어린 아동과 부모용)

① 부모와 자녀에게 향기가 나는 로션 또는 향기가 없는 로션 중 하나를 선택하도록 한다. 부모에게 로션으로 아동의 손을 부드럽게 마사지해 주도록 요청하고, 아동이 이 상호작용의 '대장'이며, 마사지의 압력, 속도 및 로션의 사용량을 결정할 수 있다는 지침을 준다. 자녀가 손 마사지에 편안한지 부모가 자주 확인하도록 안내한다.

② 부모가 자녀의 손을 마사지하는 동안 각 질문 사이에 처리 시
   간을 두면서 다음과 같이 질문한다. 아동의 손을 보호하기 위
   해 질문할 때마다 로션을 더 바르도록 부모에게 지시하는 것
   이 좋다.
   −이 작고 통통한 아기 손과 함께 했던 가장 좋았던 기억은 무
    엇인가요?
   −이 작고 지저분한 아기 손과 관련된 가장 좋아하는 기억은
    무엇인가요?
   −이 손들이 지금 할 수 있는 일 중에 당신이 가장 좋아하는
    일들은 어떤 것들인가요?
③ 일단 부모가 치료사의 유도로 아동과의 기억을 탐색하고 나
   면, 로션을 한 겹 더 마사지하도록 지시한다.
④ 이제 아동의 손을 검은색 도화지 위에 올려놓도록 한 후 손도
   장을 찍는다.
⑤ 아동과 부모에게 손도장 위에 베이비파우더를 뿌리도록 한
   다. 어떤 가족은 여분의 가루를 쓰레기통에 털어내고 싶어 할
   수 있다.
⑥ 아동과 부모는 함께 경험한 연결과 조율을 기억하기 위해 그
   들이 찍은 손도장을 집으로 가져갈 수 있다.

방법(청소년 자녀와 부모용)

사춘기 자녀를 둔 부모는 보통 매우 압도되고, 상처받고, 화가 난
상태에서 상담에 오는 경우가 많다. 사춘기 자녀로부터 받은 수년
간의 상처와 사춘기 자녀가 보이는 행동 문제로 '아이를 사랑하지

만 더 이상 이 아이를 참아내기가 힘들다'고 감정을 표현한다. 이러한 사춘기 자녀와 부모에게 이 기법을 적용할 때 특히 "지금 이 손의 어떤 점이 좋습니까?"라는 마지막 질문에 집중함으로써 10대 청소년의 강점과 긍정적인 자질에 초점을 맞추어 보도록 도울 수 있다. 부모들에게 과거의 자녀와 함께했던 긍정적인 순간들을 생각해 보도록 하고, 함께 이 활동을 하면서 관계의 회복과 강화를 시작해 볼 수 있다.

방법(부부용)

애착 기반 개입 기법은 부부 상담에서도 성공적으로 활용될 수 있으며, 애정 관계의 발달 단계에 맞춘 발달 질문을 적용할 수 있다. 각 파트너는 각자의 기억과 느낌을 공유하면서 파트너에 대해 다양하게 반응하는 능동적인 청취자의 역할을 하거나 혹은 아무런 이의 제기도 없이 파트너의 말을 열심히 듣는 경청자의 역할을 번갈아 연습할 수 있다.

① 부부에게 향기가 나는 로션과 향이 없는 로션 중 하나를 선택하도록 한다. 파트너에게 로션을 부드럽게 마사지해 주도록 요청하고, 마사지를 받는 사람이 이 상호작용의 '보스'이며 마사지의 압력, 속도 및 로션 사용량을 결정할 수 있다는 지침을 제공한다. 파트너들이 손 마사지가 편안한지 서로 자주 확인하도록 안내한다.

② 파트너가 다른 파트너의 손을 마사지하는 동안 각 질문을 처리하는 데 충분히 시간을 주면서 다음과 같은 질문을 한다.

마사지 파트너에게 각 질문 후에 로션을 더 첨가하여 파트너
의 손을 보호하도록 알려 주는 것이 좋다.

- 처음 만났을 즈음 이 손과 관련된 가장 좋았던 기억들은 무
  엇인가요?
- 이 관계가 깊어져 가면서 이 손들에 대해 가장 좋았던 기억
  은 무엇입니까?
- 이 손과 관련해 그 사람의 인생에서 가장 자랑스러운 것은
  어떤 것들일까요?
- 이 손들이 지금 할 수 있는 일 중 당신이 가장 좋아하는 것
  은 무엇인가요?

시간과 감정에 따라 각 파트너의 생각과 느낌을 탐색하고 처리하
는 데 충분한 시간을 가질 수 있도록 두 회기를 사용할 수도 있다.

방법(성인 자녀와 부부용)

이러한 개입은 성인 가족 관계뿐 아니라 해결되지 않은 애착 상
처 및/혹은 트라우마가 현재의 관계 및 기능에 영향을 미치는 경우
에 이를 개선하고 강화하기 위해서 사용할 수도 있다. 때로는 부모
가 지금은 다 성장한 성인 자녀들의 발달 시간을 떠올리며 함께 이
야기 나누고 추억을 탐색할 수 있다. 또 부모의 인지 능력에 따라
바꾸어서 사용할 수도 있다. 이때는 성인 자녀가 스토리텔러의 역
할을 맡아, 부모의 인지 쇠퇴를 포함하여 인생의 서로 다른 발달 단
계에서 언제 어떻게 부모의 손에 감사해 왔는지에 대해 이야기할
수 있도록 질문을 바꾸어 사용한다.

정리

우리는 살면서 타인과의 관계를 지속적으로 추구한다. 우리의 발달적 욕구는 개인의 발달적 단계뿐만 아니라 정서적 연령의 영향을 받는다. 임상 장면에서 내담자들을 만날 때 관계 간 역동을 평가하는 것뿐만 아니라 해결되지 않은 트라우마와 그 사람이 가지고 있는 애착 탐색 행동과 애착 패턴을 파악하는 것이 중요하다. 특히 가족이 발달적으로 변화하는 시기에는 가족 구성원 개개인의 애착 욕구가 무엇인지 아는 것이 중요하다. 가족이 위기와 스트레스의 시기에 있거나 또는 과도기를 지날 때, 자녀는 가족 시스템 전반에 걸쳐 느끼는 스트레스와 불안감에서 벗어나기 위해 애착 추구 행동 수준이 최고조에 다다르기도 한다.

참고문헌

De Vries, S., Hoeve, M., Stams, G., & Asscher, J. (2015). Adolescent-parent attachment and externalizing behavior: The mediating role of individual and social factors. *Journal of Abnormal Psychology*. Doi: 10.1007/s10802-015-9999-5

Green, E. J., Myrick, A. C., & Crenshaw, D. A. (2013). Toward secure attachment in adolescent relational development: Advancements from sandplay and expressive play-based interventions. *International Journal of Play Therapy, 22*(2), 90-102.

Karen, R. (1994). *Becoming attached. First relationships and how they shape our capacity to love.* Oxford, England: Oxford University Press.

Shapiro, J. (2010). Attachment in the family context: Insights from development and clinical work. In S. Bennett & J. K. Nelson (Eds.), *Adult attachment in clinical social work*. Essential Clinical Social Work Series (pp. 147-172). New York: Springer.

Stubenbort, K., Cohen, M. M., & Trybalski, V. (2010). The effectiveness of an attachment-focused treatment model in a therapeutic preschool for abused children. *Clinical Social Work Journal, 38*, 51-60. Doi: 10.1007/s10615-007-0107-3

White, A. (2014). The benefits of child-centered play therapy and filial therapy for pre-school-aged children with reactive attachment disorder and their families (Master's thesis). Theses, Dissertations, and Projects. Paper 846. *SmithScholarWorks*. Smith College School for Social Work, USA.

제**4**장

애착 훼손과 애착 상처 이해하기

들어가기

사랑하는 사람과 맺은 유대가 끊어질 정도로 긴장감이 조성된다면 어떻게 될까? 유대감이 너무 닳아 버려서 간신히 붙어 있기도 어려운 상황이라면 어떻게 될까? 불행히도 이런 상황은 인간관계, 특히 가족관계에서 흔히 발생한다. 아동의 자율성이 발달하고 그들만의 독립된 자아의식이 형성되기 시작하면, 각 발달 단계마다 부모와 자녀는 서로 간의 연결 강도를 시험한다. 독립적인 자아감을 발달시키는 것은 아동 발달에 있어 필수불가결한 요소지만 이는 일부 부모, 특히 불안정 애착 유형을 가진 부모들에게는 상처를 주거나 거부감을 일으키기도 한다.

일상생활에서 부모와 아이는 서로 개입하면서, 때로는 자녀가

짜증을 내기도 하고 또 반대로 성인이 화를 내는 순간도 있지만, 그
런 순간만 있는 것이 아니라 함께하는 기쁨과 즐거움 또한 경험하
기도 하는 등 늘 관계 유지에 도전을 받는다. 건강한 부모라 하더라
도 자녀에게 "엄마가 세상에서 제일 미워!" "아빠가 내 아빠가 아니
었으면 좋겠어." 등의 비명을 들으면 큰 상처를 받게 된다. 많은 성
인은 이런 순간들이 야기하는 깊은 정서적 고통에 휘둘리기도 한
다. 다섯 살짜리 아이와의 관계에서 이렇게 깊은 아픔과 고통을 경
험할 수 있다는 것은 직접 경험해 보기 전까진 상상하기 어려운 일
이다. 아이의 고통과 분노는 때로 부모가 가진 핵심적 문제를 건드
리고 심각한 정서적 피해를 가져올 수 있기 때문에 이럴 때 부모들
은 쉽게 자녀를 비난하게 된다.

　아동과 부모 간에 갈등이 고조되고 분노에 사로잡혀 상대방에
게 상처가 되는 말을 하는 순간은 괴롭지만 대부분의 가정에서 한
두 번 정도는 발생한다. 논쟁을 벌인 후에는 회복의 순간이 있어야
하고, 말과 행동이 만들어 낸 상처를 치유하는 순간이 있어야 한다.
이것은 부모가 아이에게 다가가 소리 지르고 화낸 것에 대해 사과
하거나, 아동이 진정한 후 부모에게 다가와 여전히 사랑받고 받아
들여진다는 위로와 안도감을 찾을 때 발생한다. 부모와 아동은 서
로 잘 적응하고 더 건강하게 협력할 수 있는 방법을 배우면서 애착
의 유대감을 회복시키고 강화시킬 수 있다. 이런 관계의 회복이 이
루어지지 않고 정서적 상처가 그대로 남아 있게 되면 애착의 유대
감은 안정감과 신뢰감을 잃어버리고 안정감의 자리에는 단절과 불
신감이 들어서게 된다.

문헌 고찰

부모가 자신의 정서를 효과적으로 조절하지 못하면서 권위주의적 태도, 무시 또는 처벌적인 태도로 육아를 할 때 아동은 부적절하고 양가적인 정서를 경험하게 된다(제1장 참조). 이러한 부모-자녀 관계는 아동에게 적응력이 떨어지는 상호작용 경험을 주게 되고, 결국 아동은 부모로부터 지속적으로 수치심, 무시, 거부 등을 경험하고 애착 상처를 안게 된다.

애착 상처

존슨(Johnson, 2004)은 "우리가 가장 필요로 하는 사람들에 의해 박탈, 상실, 거부 그리고 유기와 같은 트라우마를 경험하게 되는 과정과 그것이 우리에게 미치는 엄청난 영향을 기술하고 설명할 수 있는 것이 바로 애착 이론이다."라고 쓰고 있다. 아동이 관계적 트라우마를 경험하면 깊은 상처를 입게 되는데, 이는 자신의 자아감과 내적 가치감 그리고 가치관 형성에 영향을 주고, 주변 세계에 대한 불신을 초래한다. 자기가치감의 타당화가 비일관적인 불안한 상태의 가정에서 아동이 오랜 시간 생활하게 되면 자기자신을 '사랑받지 못하고 가치 없는 존재'로 학습하게 되고 외부 세상과 인간관계도 같은 방식으로 느끼게 된다. 이로 인해 아동은 자신의 가치에 대한 만성적인 양면성과 타인에 대한 깊은 불신을 경험할 것이다. 아동은 더 이상 부모가 자신의 모습에 실망을 느끼지 않도록 하기 위해 완벽한 사람이 되려는 시도를 할 수도 있다. 일차 애착 대상으로부터 계속되는 상처와 실망으로 고통받는 자기 자신을 보호하기 위해 스스로에게 엄격해지거나 내적으로 후퇴해 버릴 수 있다. 상담실에서 만났던 많은 내담자 중 상당수는 '_____가 일어났기 때문에 나는 사랑받을 가치가 없고, 따라서 사랑스러워서는 안 된다'와 같은 애착 신념에 바탕을 둔 인지 왜곡을 가지고 있었다.

애착 상처는 아동이 배신, 실망, 거짓을 경험하거나 신뢰하는 사람(대개는 일차 애착 대상)에 의해 상처를 받는 순간에 발생한다. 이는 부모가 순간적으로 이성을 잃고 소리를 지르는 것과 같이 회복 가능한 작은 상호작용일 수도 있다. 부모가 자신의 반응이나 행동 때문에 아동이 상처받거나 실망하고 있음을 눈치채고, 이러한 순간을 수용할 뿐 아니라 자신에게 책임이 있다는 것을 인정할 때, 아동은 실수를 할 수도 있다는 여유와 치유를 배우게 된다. 또한 아동이 보여지고(seen), 안전감을 느끼며, 마음을 진정하고, 안정을 획득할 수 있도록 도와줄 수 있다. 이러한 순간들로부터 사람들은 관계 안에서 치유를 경험할 수 있고 훨씬 더 단단한 관계를 만들어 갈 수도 있다. "오늘 엄마가 너무 화나서 소리를 질렀어. 그건 무척 부적절한 행동이었어. 엄마가 사과할게. 그리고 앞으로 화를 다스릴 수 있도록 더 노력할게. 용서해 주었으면 좋겠구나"라는 말은 간단한 것일 수 있지만, 이를 통해 부모와 자녀는 적응과 연대감을 느낄 수 있고 애착 스펙트럼의 보다 안전한 곳으로 이동할 수 있다.

과거와 현재의 관계에서 안정 애착을 경험하고 자녀와 함께 안정 애착을 키워 온 부모는 이를 회피하거나 혹은 화난 세 살짜리 아이처럼 반응하는 대신 이러한 어려운 순간을 진정어린 마음으로 경험하고 끝내는 헤쳐 나갈 수 있다. 안정감 있는 부모는 거부감으로 양육하지 않고, 자녀와 연결된 채 이 순간을 작업해 나갈 수 있다. 그러나 이러한 상처 경험이 복구되지 않거나 해결되지 않은 채 시간이 쌓이면 부모와 자녀 사이에 단절이 생긴다.

이렇게 부정적이고 상처가 되는 경험이 반복되거나, 부모가 이러한 경험이 가진 영향력을 인정하지 않고 모른 척할 때 애착 상처가 시작되고 뿌리가 점점 깊어진다. 이러한 애착 상처는 자녀가 자기 자신과 타인에 대해 형성하는 내적 작동 모델에 영향을 미치게 되며, 타인에 대한 사랑과 애착이 실망, 상처, 거부 등과 동일하다는 믿음을 형성하게 한다. 애착에 대한 인용문을 검색해 보면, 사랑은 상처받기 쉽고, 타인을 사랑하고 마음을 주는 것은 유기와 거부의 시작이 될 수도 있다는 식의 진부한 믿음이 세상에 만연해 있다는 것을 우리는 알 수 있다.

애착 훼손

애착 훼손은 관계 안에서 유대관계를 끊게 만드는 상처의 순간이다. 애착 훼손은 트라우마에 뿌리를 두는 편이며 종종 갑작스러운 관계의 결말처럼 느껴진다. 마치 지진이 일어나면 땅이 두 쪽으로 갈라지는 것처럼, 이러한 경험은 이전의 관계로의 복구를 불가능하게 하는 경향이 있다. 지진으로 손상당한 지구에 자연이 다시 생기고 치유되기도 하지만 그렇다고 그것이 이전의 상태로 돌아가는 것을 의미하지 않는 것처럼 일단 트라우마가 발생하면 관계는 결코 이전과 같아질 수 없다. 이러한 애착 훼손에는 죽음, 포기, 이혼, 학대, 방치, 장기간의 별거 등이 포함된다. 다음에서는 이러한

경험들을 심도 깊게 살펴보고 어떻게 아동의 내적 작동 모델과 애
착 패턴에 영향을 미치는지 알아보려고 한다.

부모-자녀 관계에 미치는 영향

부모-자녀 관계 안에서 생기는 애착 상처는 고통스러운 경험이
지만, 부모-자녀가 그 상처를 인식하고, 상처가 야기됐던 과정에
서 자신의 책임감을 느끼며 수정해 간다면 결국에는 치유될 수 있
다. 위험한 결과는 애착 상처를 인정하지 않고 손상된 상태로 남겨
둘 때 발생한다. 아동의 내적 작동 모델은 이러한 경험의 영향을 받
으며 형성되고, 그 결과 거부감 또는 가치 부족감 등이 향후 형성하
게 될 또래 관계 혹은 성인기 연애 관계에서 되풀이된다.

연구들은 부모로부터 학대를 당한 경험이 있는 아동들이 부모에
대해 불안정하면서도 강력한 애착을 지속적으로 유지하는 경향이
있다고 보고한다(Anderson & Gedo, 2013). 하지만 이 경우 부모가
고통의 시기에 위안을 줄 수 있는 대상인 동시에 자신이 겪고 있는
고통을 야기하거나 그에 기여하는 사람이기 때문에 아동은 매우
혼란스럽고 복잡해진다. 비록 학대하는 부모지만 필요하기 때문
에 어쩔 수 없이 다가가게 되고 또 그렇게 해서 간신히 친밀감을 느
끼게 되더라도 또 언제 학대당할지 모른다는 두려움이 유발되거나
증가되는 상황, 즉 가장 두려워하는 대상이 위로와 안식을 제공하
는 역기능적 역동을 만들어 내는 상황안에 있는 것이다(Stubenbort,
Cohen, & Trybalski, 2007). 이런 주기가 반복되면 정서적 상처가 애
착의 훼손으로 발전하게 되고 결국 관계는 황폐화된다.

애착 상처와 관련 있는 제한된 연구 영역 중 하나는 이차 애착 대
상에 의한 상처나 외부 체계의 어려움으로 인한 상처의 영향이다.
부모와 자녀 간에는 안정적인 관계가 형성되었지만 외부적인 것,
특히 아동이 가진 정신 건강상의 문제 등 신경학적인 진단을 받게
되는 경우나 부모-자녀 관계 외부에 존재하는 환경적 어려움 같은
것들이 대표적인 예가 될 수 있겠다. 관계 경험과는 상관이 없는 강
박장애, 심한 불안과 우울증, 유전적 장애 같은 것들이 포함된다.

어떤 아동은 애착과 관련된 강박 사고를 경험할 수 있는데, 이는
실제 애착 경험과는 무관할 수 있다. 예를 들어, 자기가치감과 관
련된 강박적 사고나 부모가 아이를 어떻게 생각해야 하는지에 대
한 강박 사고들이 있을 수 있다. 저자는 수년간 임상 장면에서 강박
장애 증상으로 인해 비현실적인 애착과 환상을 경험하는 여러 아
이와 함께 일했는데, 그중에는 거부당할 것이라는 생각을 줄여 주
기 위해 어머니가 그 어떤 말과 행동을 해 줘도 자신은 사랑받을 수
없다는 강박 관념을 고수하는 아동이 있었다. 또 다른 사례에서,
한 아동은 사촌이 잠자리에서 성폭행을 한 적이 있다고 확신했지
만 그것은 사실 일어난 적이 없는 일이었다. 그 아동은 자신이 괴물
이거나 혹은 괴물이 될 가능성이 있다고 믿고 있었을 뿐 아니라 가
족 모두가 그렇게 생각한다고 믿었다. 마지막으로, 또 다른 아동은
아버지가 위협적인 행동을 하거나 그 어떤 위해 행동을 한 적이 없
는데도 온순하고 다정한 아버지가 한밤중에 그들을 죽이려 한다는
이야기에 집착하였다.

이러한 강박 사고는 부모-자녀 간 안정 애착 형성에 영향을 미
칠 뿐 아니라, 비록 상처가 상상 또는 비현실적인 믿음, 인지 왜곡
등에 바탕을 두고 있음에도 불구하고 부모는 지속적으로 관계를

찾고 회복하도록 노력해야 한다는 도전적 과제를 부여받게 된다. 조현병이나 망상장애 등과 같은 심각한 정신건강장애가 있을 때에도 마찬가지이다. 다시 말해, 이러한 트라우마가 관계 내에서 발생하는 것이 누구의 '과실'은 아니지만, 일단 발생하면 지속적으로 반복적인 수정과 치료를 받아야 한다는 것이다. 가장 사랑하는 부모조차도 가족과 자녀가 직면하는 문제의 규모와 심각성에 따라 지독한 감정적 소진을 경험하게 되기 때문에 매우 안정적인 부모에게조차도 이러한 작업은 쉬운 일이 아니다.

　어떤 면에서 애착의 상처는 본질적으로 실존적인 면이 있다. 착한 사람이 되기 위해 배운 것들을 모두 행하고, 강박적 사고나 우울한 감정을 없애 달라고 진심으로 기도했지만 없어지지 않는다면 아동은 신이 강박적 사고나 우울한 감정을 거두어 줄 정도로 자신을 사랑하고 있지는 않다고 생각할 것이고, 이는 자신의 본질적인 가치에 의문을 품는 내적 작동 모델을 형성하는 데 영향을 미칠 것이다. 그리고 신에게 사랑받을 가치가 없다면 내가 어떻게 다른 관계에서 사랑받을 수 있을까라는 질문을 던지게 될 것이다. 더 나아가 이러한 의문이 반복된다면 아동은 이전에는 안전하게 관계를 형성했던 사람들에게서도 불안감을 느끼게 된다. 안정 애착이 정신병리나 삶의 고통, 트라우마를 피하게 해 주거나 예방해 주지는 않으며, 긍정적인 발달 결과를 보장하는 것도 아니다(Whelan & Stewart, 2014). 오히려 안정 애착이 제공할 수 있는 것은 고통을 경험하는 아이들과 부모들에게 필요한 피난처와 휴식이다.

애착 상처로부터의 회복력

가족 관계에서의 애착 상처를 해결하기 위해서는 부모와 자녀 양자의 회복력(resiliency)을 인식하는 것이 중요하다. 회복력에 대한 최신 연구들을 보면 회복력은 "아이들과 그 아이들을 둘러싼 사회적 맥락인 가족, 지원 시스템, 문화 사이의 교류적 관계에 초점을 맞추는 상호작용 메커니즘"으로 이해된다(Seymour, 2014, p. 226). 아마 '회복력이 애착 이론과 무슨 상관일까?'라는 의문이 들 수 있을 것이다.

앨보드, 저커와 그레이즈(Alvord, Zucker, & Grades, 2005)는 "회복력은 삶의 어려운 환경에 적응할 수 있게 해 주는 에너지로서 후천적으로 획득되는 면이 있고 점진적으로 내면화되는 속성을 가진 것으로 보인다."라고 썼다. 회복력은 애착 기반 놀이치료에서 매우 중요한 개념이다. 회복력의 개념은 지난 수년에 걸쳐 변화해 왔는데, 초기에는 트라우마의 깊이에 대한 이해가 결여된 채 강도만을 강조하는 강도 기반 접근법으로 시작하였다(Seymour, 2014). 이 선의의 모델은 의도치 않게 아동에게 자신의 치유를 책임져야 한다는 과도한 부담을 주었고, 회복력이 부족하면 아동은 부정적인 내적 작동 모델을 형성할 수밖에 없는 것으로 설명되었다. 아동의 회복력은 삶의 어려운 경험을 극복하도록 돕는다. 놀이치료실에서 일어나는 치유 과정을 통해 아동들은 내적 회복력을 다시 형성하게 되고 삶의 다양한 트라우마와 장애물을 극복할 힘을 얻는다. 그러나 그것은 다른 사람들과의 상호작용 안에서, 특히 애착 관계에서의 회복 경험을 통해서 얻어지는 정서적·관계적 치유이다.

개입

별들과 점들

애착 기반 가족 놀이치료 개입은 아동의 자존감, 자신감, 회복력을 높이는 데 초점을 맞춘다(Mellenthin, 2018a, 2018b). 이 개입은 자신의 존재가 부모를 실망시킬지 모른다는 아동의 내면적 믿음과 부정적 자기대화를 파악하고 감소시키는 데 도움이 된다. 이 개입을 통해 아동과 부모는 적응과 정서적 친밀감을 경험할 수 있고, 언어적·비언어적 의사소통 능력을 강화시킬 수 있다. 또한 이 개입은 '세상의 어떤 존재도 실수인 존재는 없다'는 개념을 탐색함과 동시에 양육 안에서 친사회적 기술을 개발하고 아동 전체에 대한 사랑과 수용을 재확인하는 데 도움이 된다.

준비물
- 도서 『너는 특별하단다』
- 별 스티커
- 회색 점 스티커
- 워셔블 마커
- 블랑코 인형[1]

---

1) 무엇이든 표현할 수 있도록 표면이 공백 상태인 봉제인형, myblancoandfamily.com에서 구입 가능.

방법

① 맥스 루카도(Max Lucado)의『너는 특별하단다(You Are Special)』라는 책을 부모와 자녀가 함께 읽도록 한다. 가능하면 부모가 자녀에게 읽어 주는 것이 좋다. 이를 통해 부모와 자녀가 함께 양육적 경험을 추구할 수 있으며 부모와 아동이 안전하고 건강한 방식으로 근접성을 추구할 수 있다. 근접성을 유지하는 것이 편안하지 않은 부모와 자녀라면 그냥 옆에 앉아 책을 읽어도 좋다.

② 책을 다 읽고 난 후 "내가 너를 만들었기 때문에 너는 특별하고, 나는 실수를 하지 않아."라는 목공예사의 말이 무슨 의미로 이해되는지, 또 책에 나오는 별과 점들이 어떤 의미를 갖는다고 생각하는지에 대해 함께 이야기 나눈다. 아동이 실수가 아니라는 것, 특별한 존재라는 것을 믿는지 탐색한다.

③ 아동에게 자신에 대한 부정적 생각과 믿음을 상징하는 회색 점을 블랑코 인형에 그리도록 지시한다. 회색 원 스티커를 사용할 수도 있다.

④ 부모에게는 사랑하고 존경할 만한 아이의 긍정적인 성향이나 특성을 인형 위에 노란색 별로 그리도록 한다.

⑤ 열린 질문을 통해 부모와 자녀가 각각 그린 별과 점에 대해 어떻게 생각하고 느끼는지 탐색한다.

⑥ 이제 인형을 뒤집는다. 인형의 뒷면은 각각의 점에 대해 반대되는 생각으로 재구성한다. 예를 들어, 한 아동이 회색 점을 그리고 "저는 학교에 친구가 없어요."라고 이야기했다면 부모와 치료사는 아동이 이 진술에 대해 다시 생각해 보도록 격려한다. 아동이 학교에서 친구가 있다고 느끼거나 경험했을

때의 한 가지 예를 생각하도록 격려하여
"토미는 점심시간에 내 옆에 앉아서 나랑
이야기 나누는 걸 좋아해." 또는 "옆집에
같은 학교 다니는 아이가 사는데 우리는
가끔 놀이터에 나가서 같이 놀아. 그 애
는 내 친구야."와 같은 진술로 바꾸어 보
도록 돕는다.

⑦ 블랑코 인형을 사용할 수 없는 경우에는 빈 종이나 진저맨을
사용할 수 있다.

다 같이 함께

애착 상처가 발생한 가정은 부정적 영향을 주고받는 의사소통을
주로 하는 경향이 있다. 잘못된 의사소통이나 적절치 않은 사회적
신호가 자주 발생하며, 이는 불신, 상처, 실망, 분노의 감정을 격화
시킨다. 사실 언어적 의사소통은 의미 통합의 일부 요소일 뿐이며
오히려 관계 내에서 일어나는 비언어적 의사소통이야말로 정서적
조절의 강력한 단서가 된다. 이번에 제안하는 놀이치료 기법은 가
족이 언어적 · 비언어적 의사소통 방식을 모두 활용하여 구조적이
고 즐거운 상호작용에 참여하도록 유도한다. 이 기법은 잘못된 의
사소통 방식을 통찰하고 다시 제대로 된 연결을 경험하도록 도와
줄 수 있다.

준비물
• 큰 사이즈의 마시멜로

- 마른 스파게티면
- 시계 혹은 타이머

방법

① 가족이 동그랗게 둘러앉으면 스파게티면과 마시멜로를 나눠 준다. 오늘 할 활동은 그룹으로 함께 탑이나 높은 구조물을 만드는 것이라고 설명하고 시간 제한이 있다는 것도 알린다. 가족은 두 개의 분리된 탑을 짓거나, 혹은 모두 원한다면 첫 번째 만든 탑 위에 덧붙여 지어 올릴 수도 있다. 둘 중 어떤 방법을 선택할 것인지는 가족이 의논해서 함께 결정한다.

② 가족에게 여러 가지 방법으로 의사소통할 수 있다는 점을 설명한다. 언어적 의사소통은 쉽게 이해되는 반면 다른 의사소통은 조금 더 미묘하고 혼란스러울 수 있다는 것을 교육한다. 보디랭귀지, 목소리 톤, 언어적 표현 등을 예로 들어 주면서 우리 가족은 어떤 방법으로 주로 의사소통하는지 생각해 보고 발표하도록 요청한다.

③ 1차 시도에서 가족은 언어적 의사소통 없이 5분간 탑을 쌓아 올리는 활동을 할 것이다. 손짓, 얼굴 표정, 가리키기 등 비언어적 의사소통은 사용할 수 있지만 언어적 의사소통은 금지된다.

④ 5분 후 타이머가 울리면 가족은 대화를 나눌 수 있다. 다음과 같은 질문을 통해서 언어적 표현 없이 탑을 쌓아 올리는 경험이 어떤 느낌이었는지 알아본다.

　－언어를 사용하지 않으면서 의사소통 하는 기분은 어땠나요?
　－말없이 같이 작업하면서 가장 좋았던 점과 가장 나빴던 점

은 어떤 것인가요?

- 다른 가족이 당신을 이해할 때나 또는 이해하지 못할 때 기
  분이 어땠나요?

⑤ 다시 타이머를 5분 맞추고 가족에게 마시멜로와 스파게티 면
을 사용하여 또 다른 높은 탑을 세우도록 지시한다. 대신 이
번에는 탑을 만들기 위해 함께 작업하는 동안 언어적으로 의
사소통할 수 있다.

⑥ 시간이 다 되면, 가족과 함께 언어적 · 비언어적 의사소통을
통해 겪었던 두 가지 다른 경험에 대해 탐색한다.

다음과 같은 질문을 활용할 수 있다.

- 언어적인 것과 비언어적인 것 중 어떤 의사소통 스타일이
  가족과 작업하기에 더 쉬웠나요?

- 말을 사용하지 못할 때에는 어떻게 서로가 원하는 걸 알아
  챌 수 있었나요?

- 말이 당신의 의도를 방해할 때도 있었나요?

- 당신이 다른 가족 구성원에게 무언가를 말하거나 부탁했는
  데 상대방이 오해했던 적이 있나요?

⑦ 가족에게 상대방의 말을 경청하고, 자신을 되돌아보고, 목소
리 톤을 인식하는 등의 의사소통 기술을 가르칠 수 있다.

📝 사례 >>>>>

8세 코트니는 어머니의 체포와 투옥 후 놀이치료를 시작하였다. 코
트니의 어머니는 15세 베이비시터를 성폭행한 혐의로 체포되었다. 베
이비시터의 어머니가 누드 사진과 노골적인 문자메시지를 발견하고
아들로부터 코트니의 어머니와 지난 1년간 성관계가 있었다는 고백을

들은 후 경찰에 신고했다.

코트니는 현재 아버지와 지내고 있는데, 코트니의 아버지는 아내가 체포되기 전까지 주로 다른 주에 거주하면서 석유업과 건설업에 종사했다. 한 가지 일이 끝나면 집으로 돌아와 한두 주 정도 머물다가 새 일이 생기면 다시 떠나곤 했다. 코트니의 엄마가 체포되자 법원은 가정으로부터 떠나 있도록 명령했으며 코트니와는 감독하에 면회를 할 수 있도록 허가해 주었다. 코트니의 아버지는 주양육자였던 적도 없고 코트니와 시간을 보낸 적도 드물었지만 사건 후 코트니가 더 이상 정서적 상처를 받지 않도록 코트니를 보호했으며, 코트니의 상담자를 열심히 찾았다.

첫 번째 회기에 코트니와 아버지는 약속된 시간에 늦지 않게 도착하였다. 그들은 빈 의자를 사이에 두고 대기실에 앉아 있었다. 아버지는 코트니에게 치료사를 따라 놀이치료실에 들어가라고 하면서, 거친 말투로 "착하게 굴고 선생님 말 잘 들어. 문제 일으키지 말고, 알았지? 다 끝날 때까지 여기서 기다리고 있을게."라고 말했다. 코트니는 놀이치료실로 들어와 치료사가 앉고 싶은지 물어볼 때까지 조용히 방 한가운데 서 있었다. 코트니는 장난감을 선택하기 어려워했으며 매우 무기력해 보였다. 놀이치료사들이 늘 하듯이 나는, "여기서는 네가 원하는 것을 선택해서 네가 원하는 방식으로 가지고 놀 수 있단다. 그리고 여기서 네가 하는 선택 중에 잘못된 선택은 없어."라고 이야기해 주었다. 그러자 코트니는 방을 둘러보더니 손가락으로 물감을 가리켰고, 나는 코트니가 직접 가져오도록 격려했다. 물감을 꺼내 오면서 코트니의 얼굴이 밝아졌고 열심히 손가락을 움직여 집과 세 개의 막대 형상을 그리기 시작했다. 그러다가 코트니는 하늘에 태양을 그리더니 갑자기 마구 섞어서 지금까지 그렸던 사람이나 집을 지워 버렸다. 코트니는 계속해서 여러 가지 색깔의 물감을 첨가했고, 갈색 소용돌이가 될 때까지 휘저었다. 그러다 갑자기 탁자 위로 고개를 푹 숙이더니 불쑥 말했다. "다 엉망진창이야!" 치료사는 "그래 다 엉망진창이구나."라고 반영하며 코트니를 쳐다보았다. 그러자 코트니는 치료사를 올려다보며 말했다. "맞아!" 놀이치료 시간이 끝나갈 무렵 코트니는 언제 또 올 수 있냐고 물었다. 치료사는 매주 만날 거라고 말해 주었고, 코트니는 수줍은 듯 미소를 지으며 "좋아요."라고 대답했다.

얼마 후, 코트니의 아버지가 놀이치료에 참가하기 시작했고 가족 놀이치료에도 참여하기 시작했다. 처음에는 놀이치료실에서 매우 불편해 보였지만, 코트니와 더 강한 관계를 발전시키고 싶어 했고 딸의 안녕을 진심으로 걱정하고 관심을 기울이기 시작했다. 코트니의 어린 시절 내내 반복된 분리로 인해 아버지와 코트니의 관계에는 명백한 양면성이 있었기 때문에 그들은 서로 간의 접촉, 언어, 존재에 대해 조심스럽게 접근해 갔다.

어느 회기에, 코트니와 아버지는 로션 대신 핑거 페인트를 사용하여 베이비파우더 핸드프린트 개입(제3장 참조)에 참여하고 있었다. 그들은 여러 번 반복하여 손자국을 만들었고, 점점 더 자발적이고 수용적인 모습이 되어갔다. 코트니는 아버지가 자신의 영유아 시기에 대한 이야기를 하자 "나는 아빠가 나에 대해 알고 있을 거라고는 생각하지 못했어요. 어릴 땐 아빠가 날 모른다고 생각했거든요."라고 조용히 말했다. 코트니의 아버지는 페인트로 뒤덮인 코트니의 손을 잡으면서 코트니가 필요한 만큼 집에 있어주지 못했던 것에 대해 사과하였다. 시간이 흐르면서 코트니와 아버지는 그들의 관계를 회복하고 재건할 수 있었으며 슬픔과 분노를 헤쳐 나갈 수 있었다. 특히 아버지는 자녀에게 양육과 안전을 제공하는 방법을 새로이 배울 수 있었다. 몇 달간 놀이치료가 진행되면서 코트니의 무너졌던 세계는 복구되었다. 그 사이 어머니의 재판이 끝났고, 재판 결과 어머니는 투옥되었으며, 마침내 부모님은 이혼하였다.

가족의 통합

연구에 따르면 부모와 자녀는 가족 내에서 위기나 전환이 일어
날 때 애착 스펙트럼 위의 안전한 위치에서 안전하지 않은 위치로
이동한다(Anderson & Gedo, 2013; Stubencort et al., 2007). 아동과 부
모가 정서적 교정 경험을 나눌 수 있을 때, 둘 간의 관계는 강화되
고 더 안전한 애착 쪽으로 움직일 수 있다. 이것이 바로 부모를 놀
이치료 과정에 참여시켜야 하는 이유이기도 하며 이러한 과정을
통해 언제든 필요할 때 안전하고 정서적인 진정을 돕는 부모의 역
할 수행이 가능해진다.

애착 기반 놀이치료에 참여함으로써 부모는 자녀와 조율하는 방
법, 자녀를 양육하는 방법, 자녀에게 민감하게 반응하는 방법 등을
배울 수 있다. 그뿐 아니라 자녀와 즐거움, 기쁨을 공유할 수 있다.
아동은 새로운 연결 방식에 반응하고 자존감을 향상시키며, 자신
이 사랑받고 있다는 믿음을 향상시키면서 내적 작동 모델을 변화
시켜 나간다. 이러한 변화는 아동이 내적 경험을 좀 더 일관된 틀로
재조직하고 재정비하는 과정에 도움이 된다. 부모와 자녀 사이의
애착이 개선되면 아동의 애착 욕구는 지속적으로 적절한 방식을
통해 충족될 수 있고 이를 통해 아동은 자신의 행동과 정서적 반응
을 어떻게 적응시켜 나갈 수 있는지 배우게 된다(Whelan & Stewart,
2014).

이러한 경험을 통해 아동은 건강하고 적응적인 방식으로 자신
의 세계에 대한 통제감을 얻게 된다. 놀이를 통해 아동은 자신의
인생과 관계에 대해 도전하고 탐색하며 작업할 수 있고, 혼란과 불

안감을 극복하며 동시에 무력감과 트라우마를 다룰 수 있게 된다
(Ogawa, 2004). 아동은 치료적 관계가 발전함에 따라 놀이치료사,
특히 그 누구보다도 부모와의 관계를 통해 자신이 수용되는 감정을
경험하고 비로소 자신을 표현하고 스스로를 수용할 수 있게 된다.

  아동은 자기 자신과 가족, 동료 그리고 학교와 공동체를 포함
한 외부 시스템과의 관계를 통해 탄력성을 만들어 간다. 브룩스
(Brooks, 2009)는 자신이 제안한 탄력성 모델을 통해 치료적 관계와
놀이치료 과정을 통합하기 위한 몇 가지 원칙을 제안했다.

  부모가 아동의 치료에 참여할 수 없거나 참여할 의사가 없는 경
우 놀이치료사가 애착 대리 인물의 역할을 할 수 있다(Anderson &
Gedo, 2013; Whelan & Stewart, 2014). 놀이치료실에서는 반응적 놀
이와 양육을 기반으로 안전 기지와 안식처를 아동에게 제공하고
아동은 자기 자신과 타인과의 관계를 통해 회복하고 치유되는 경
험을 할 수 있다. 놀이치료사가 아동에게 무조건적인 긍정적 배려

1. 아동은 역경을 극복하는 능력을 가지고 있다.
2. 카리스마 있는 어른은 아동이 회복력을 키우는 데 중요한 역할
   을 한다.
3. 아동은 태어날 때부터 배움과 성공에 대한 동기를 가지고 있다.
4. 아동은 모두 자신만의 특별한 재능과 능력을 가지고 있다.
5. 공감은 아동의 경험을 이해하는 데 필수적이다.
6. 이야기와 은유는 아동과 함께 즐거운 시간을 보내고 세상에 대
   한 아동의 이해를 발전시킬 수 있는 매우 좋은 방법이다.
7. 아동은 다른 사람들을 돕는 것으로부터 이익을 얻는다.

와 관심, 애정, 기쁨을 보여 주면 아동은 자신이 사랑스럽고 사랑받을 만한 존재라는 생각을 하게 되고, 결국 자신의 내적 감각을 재구성하게 될 것이다. 놀이치료실과 놀이치료사는 아동을 위한 안전한 피난처가 되어 인생의 폭풍과 시련으로부터 잠시 물러나 있을 장소를 제공한다.

개별 놀이치료 시간을 통해 아동은 안정감과 예측 가능성을 경험할 기회를 갖는다. 이러한 경험은 아동에게 자신의 능력과 자존감을 인정하고, 신뢰하는 성인과 일관성 있는 관계를 만들 기회를 제공한다. 놀이치료사는 또한 놀이를 통해 아동의 자율성 및 탐구심 발달을 도울 수 있으며, 아동은 자신의 세계에서 느끼는 기쁨을 놀이치료사와의 관계에도 반영하게 된다.

정리

애착에 대한 초기 이해는 일차적 애착 대상과 구체적 경험으로 드러나는 애착 패턴에 주로 초점이 맞추어져 있었다. 그러나 최근 몇 년 동안 애착과 관계에 대한 개념은 꾸준히 진화해서, 이제는 일차 애착 대상이 아동의 치유 과정에 관여하지 않더라도 이차 애착 대상과의 긍정적 경험을 통해 보상 작업이 가능함을 입증해 냈다. "아이를 키우려면 마을이 필요하다."라는 옛말처럼 발달하는 아동의 애착 욕구를 충족시키기 위해서는 다양한 애착 대상과의 관계가 필요하다는 것이 전문가들의 공통된 의견이다.

놀이치료사들은 오랫동안 아이들이 선천적인 성장 경향을 가지고 있을 뿐 아니라 자신의 삶에서 발생하는 장애물과 도전을 극복할 수 있는 놀라운 능력을 가지고 있다고 가정해 왔다(Landreth, 2002). 놀이치료사가 놀이치료실에서 치료적 관계를 통해 존중과 존엄성을 가지고 아동을 대할 때, 그들의 탄력성과 강인함은 스스로 성장하고 발전해 갈 것이다.

참고문헌

Alvord, M. K., Zucker, B., & Grados, J. J. (2005). Enhancing resilience in children: A proactive approach. *Psychology: Research and Practice, 36*, 238-245.

Anderson, S. M., & Gedo, P. M. (2013). Relational trauma: Using play therapy to treat a disrupted attachment. *Bulletin of Menninger Clinic, 77*(3), 50-268.

Brooks, R. B. (2009). The power of mind-set: A personal journey to nurture dignity, hope, and resilience in children. In D. A. Crenshaw (Ed.), *Reverence in the healing process: Honoring strengths without trivializing suffering* (pp. 19-40). Lanham, MD: Aronson.

Johnson, S. M. (2004). *The practice of emotionally focused couples therapy* (2nd ed.). New York, NY: Brunner-Routledge.

Landreth, G. L. (2002). *Play therapy: The art of the relationship*. New York, NY: Brunner-Rutledge.

Mellenthin, C. (2018a). *Play Therapy: Engaging and powerful techniques for the treatment of childhood disorders*. Eau Claire, WI: Pesi Publishing.

Mellenthin, C. (2018b). Attachment centered play therapy with middle school preadolescents. In E. Green, J. Baggerly & A. Myrick (Eds.), *Play therapy with Preteens* (pp. 35-48). Lanham, MA: Rowman &

Littlefield.

Ogawa, Y. (2004). Childhood trauma and play therapy intervention for traumatized children. *Journal of Professional Counseling, Practice, Theory, & Research, 32*(1), 19-29.

Seymour, J. (2014). Resiliency. In C. E. Schaefer & A. A. Drewes (Eds.), *The therapeutic powers of play: 20 Core agents of change* (2nd ed.). (pp. 225-238). Hoboken, NJ: Wiley & Sons Inc.

Stubenbort, K., Cohen, M. M., & Trybalski, V. (2010). The effectiveness of an attachment-focused treatment model in a therapeutic preschool for abused children. *Clinical Social Work Journal, 38*, 51-60. Doi: 10.1007/s10615-007-0107-3

Whelan, W., & Stewart, A. L. (2015). Attachment security as a framework for play therapy. In D. Crenshaw & A. L. Stewart (Eds.), *Play therapy: A comprehensive guide to theory and practice* (pp. 114-128). New York, NY: Guilford Press.

제5장

이혼과 애착

들어가기

　1980년대부터 미국의 이혼율은 50% 정도로 비교적 안정적으로 유지되고 있다. 이혼이 진행되는 가정의 자녀들은 부모 및 가족 시스템과의 애착 훼손을 경험하고 가정은 중대한 변화와 붕괴를 겪으면서 안전 기반이 무너지거나 극도로 제한되게 된다. 연구에 따르면 전 세계 아동들의 40~60%가 부모의 이혼을 경험하고 있으며, 이혼을 경험하는 아동들은 유년기와 청소년기를 힘들게 보낼 가능성이 높아진다. 이전에 아동과 부모의 관계가 어떠했는가와 이혼 후 부부가 얼마나 협조적으로 공동 육아를 해 나갈 수 있는가에 따라 아동의 애착은 이 전환기를 통해 회복되고 재건되기도 하지만 때로는 가족 구성원 간의 관계가 완전히 단절되는 경험을 하게 되기도 한다(Ahrons, 2006).

문헌 고찰[1]

1970년대부터 갈등에 시달리는 부부들이 이혼을 고려하는 것에 대해 훨씬 더 수용적인 사회적 분위기가 만들어지기 시작했다. 이전에는 많은 정서적 단절과 파편화를 경험하면서도 이혼하지 않고 같이 살면서 부가적인 문제들을 겪는 가정이 많았다. 이혼은 최후의 수단으로 여겨졌고, 많은 가정과 공동체에서 이혼은 여성의 실패나 과실로 간주됐다. 이혼에 대한 시각이 정상화되면서(특히 여성들이 남편으로부터 경제적으로 독립하게 되면서), 결혼에 대한 기대와 관련해 사회적 변화가 일어났다. 그런 사회적 분위기에 따라 한동안 이혼율은 증가하다가 1980년대부터 지금까지는 50% 수준으로 유지되고 있다.

이혼은 아동들이 바깥세상을 탐색하고 배우는 동안 기지로 삼고 의지하는 안전한 기반에 중대한 영향을 미친다. 아동은 이혼을, 특히 부모 중 한 명이 이사를 가거나 가족으로부터 떠나는 것을 선택할 때 자신이 버려지고 거절당한 것으로 인식하기 쉽다. 안타깝게도, 특히 배우자 간의 갈등이 심할 때 아동이 이렇게 인식하기 쉬우며 어머니와 자녀 관계에서보다는 아버지와 자녀 관계에서 이런 일들이 더 흔히 발생한다(Sirvanli-Ozen, 2005).

---

1) 역자 주: 미국 사회의 이혼에 대한 고찰이므로 우리나라와는 다를 수 있음.

이혼 당시 아동의 연령과 인지 발달 수준에 따라 조금씩 다르지만 어쨌든 아동은 자신이 가족을 파탄에 이르게 하거나 부모가 자신 때문에 떠났다는 마법적 사고와 잘못된 믿음을 형성하기 쉽다. 아동의 잘못된 사고 뿐 아니라, 가정 재정 불안의 증가, 학교와 이웃의 변화, 부모 고용 상태의 변화, 그리고 할머니, 할아버지 등 확대가족과의 단절 등 가족이 직면하게 되는 대변동을 아동도 고스란히 경험하게 된다. 이러한 모든 경험은 가족 체계 전반에 걸쳐 불안하고 파괴적인 애착 패턴을 야기하고 가족 구성원 간 연결 고리를 긴장시키며 공포감을 조성할 수 있다.

부모가 헤어진 원인을 자신이라고 생각하거나 혹은 자신이 부모를 다시 합치게 할 힘이 있다고 믿는 등 아동의 미성숙한 사고는 내적 작동 모델의 변화를 초래하고, 이러한 인지적 왜곡은 정서적·행동적·사회적·학업적 측면에서 광범위한 변화를 가져온다.

대체로 이혼을 겪은 가정의 자녀들은 다음과 같은 증상을 보이기 쉽다.

- 충동적이고 공격적인 행동
- 타인에 대한 분노
- 적대적이고 반항적인 행동이나 생각
- 규칙 위반 및 제한에 대한 시험
- 파괴적 행동
- 표면적으로만 긍정적인 행동
- 자신에 대한 분노
- 자책 또는 죄책감
- 자해

- 약물 또는 알코올 사용
- 무관심 또는 책임 수용 실패
- 이른 성행위 또는 성행위의 증가
- 고립 또는 철회, 회피
- 자살 사고 또는 행동

또한 어린 아동의 경우 금방 괜찮아 보이는 경우가 흔하지만, 이 경우 부모보다는 또래들과 더 친밀한 관계를 형성하고 데이트를 시작하는 10대에 이르러 문제가 불거지기도 한다(Sirvanli-Ozen, 2005). 아동이 이러한 가족의 변화를 얼마나 잘 견뎌 낼지를 예언할 수 있는 주요 지표로는 부부 관계가 있는데 아동의 부모가 서로를 존중하며 상대방을 헐뜯지 않는지가 매우 중요한 요소로 작용한다.

이혼 전과 후에 부부 관계가 더 적대적이거나 공격적일수록 자녀가 안전한 관계를 형성하고 세상의 변화에 건강하게 적응할 수 있는 능력에 부정적인 영향을 끼친다는 연구 결과가 있다. 부부간의 갈등이 높을수록 아동은 높은 수준의 공격성, 적대감, 불안감을 보일 수 있다(Sirvanli-Ozen, 2005). 부부가 서로를 향해 공격적으로 행동하는 것을 목격하면 아동은 이러한 행동을 갈등 해결이나 스트레스 극복의 한 방법으로 내면화하게 된다. 또 아동은 주로 공격을 가하는 부모가 더 강력하고 위협적이라고 지각하여 더 공격적인 부모와 지나친 동일시를 일으키기도 한다. 배우자에게 지나치게 무례하게 대하는 부모를 따라 다른 쪽의 부모에게 비슷한 행동을 하는 아동을 흔히 볼 수 있다. 이러한 상태는 부모-자녀 관계에서 지나치게 높은 수준의 스트레스와 갈등을 유발하여 가족 안에 삼각관계를 만들어 내고 결국 애착에 부정적 영향을 미치게 된다.

부부간의 갈등 정도는 안전한 애착을 만들어 가는 아동의 능력
과 직접적인 상관관계가 있다. 이혼을 경험한 아이들은 사회적 ·
공동체적 · 종교적 그리고 10대에 경험하게 될 로맨틱 관계까지 대
부분의 관계에서 전반적으로 불안정하거나 양가적인 애착을 경험
하기가 쉽다. 아동은 부모 중 한 명을 선택해야 한다고 생각하기 쉬
운데, 이때 부부의 갈등이 깊을수록 아동에게는 이 상황이 더욱 비
참한 경험이 된다. 부모 모두를 사랑하는 아동에게 부부간 힘겨루
기는 의리와 배신이라는 상충된 감정을 불러일으키기 때문이다. 저
자가 만났던 아동 중에는 부모 중 누구를 더 사랑하고 누구랑 함께
살 것인지 선택하라는 요구를 받은 사례가 있었다. 물론 이 정도까
지의 극단적 갈등이 일반적인 상황은 아니지만, 그래도 이혼의 과
정 중에는 이러한 경우가 발생하기도 하는 것이 현실이기도 하다.

부모의 이혼이 자녀에게 고통스러울 수 있는 또 다른 역학은 한
부모가 자녀와 대부분의 시간을 함께 보내거나 친밀한 관계를 유지
하는 다른 부모(주양육자인 경우가 대부분)를 공격하거나 괴롭히는
것이다. 아동은 부모 중 한 명이 다른 부모에게 적대적일 때 부모로
부터 거절당하거나 버려졌다고 느낄 수 있다. 예를 들어, 자녀를 방
문하러 오면서 자녀를 양육 중인 다른 부모의 집에 들어오는 것을
거부하거나, 아동과 함께 있는 동안 다른 부모에게 연락하는 것을
거부하거나, 자녀의 옷을 갈아입히고 자신이 사 준 옷만 입으라고
요구하거나, 다른 부모와 사는 집에 가져갈 수 없는 선물을 주는 것
등이 있을 수 있다. 아동은 부모가 함께 만든 존재이므로 상대 배우
자를 비난하는 것이 자녀에게는 자신의 일부를 거부당하는 의미로
다가올 수 있다는 것을 대부분의 부모는 깨닫지 못한다. 이것은 아
동으로 하여금 부모가 보여 주는 사랑에 대해 두려운 거부감을 경

험하게 하고 매우 불안정한 감정 상태에 빠지게 만든다.

부부가 이혼을 하더라도 서로 건강한 관계를 유지하는 가정이라면 아동들은 두 부모 가정에서 양육되는 것과 비슷하게 생활할 수 있다. 연구들은 부부간 갈등이 심하지 않은 상황일 때 아버지들이 자녀와 함께 지내는 시간이 더 많다는 것을 보여 준다(Ahrons, 2006). 이혼 후에도 부부가 좋은 관계를 유지하는 것은 자녀의 자아감 및 소속감 발달에 매우 중요한 영향을 미친다. 아동은 양쪽 부모 모두가 필요한 존재이므로 부모가 이혼을 하더라도 지속적으로 관계를 형성하고 일관된 관계가 유지되는 것이 중요하다. 아동이 정기적으로 양육을 담당하고 있지 않은 부모(대부분의 경우 아버지)와 시간을 보낼 때, 이혼 후 가정의 사회경제적 지위에 큰 변화가 없을 때, 이혼했지만 부모가 효과적으로 공동육아를 수행할 수 있을 때 이혼이 주는 부정적 영향은 완화될 수 있다(Silvanli-Ozen, 2005).

어떤 사람들은 이혼 후 자녀의 건강한 가정 환경을 유지하는 것이 현실적으로 불가능한 것이지 않느냐고 반문할 수 있다. 그렇지만 아동의 외부 환경이 아무리 많이 변화하더라도(많은 가정의 경우처럼) 부모가 해야 할 가장 중요한 일은 아동의 내적 환경 안에서 사랑과 지지가 유지되도록 하는 것이다. 여기에는 공동 육아의 구현, 각 부모의 방문 및 함께 보내는 시간의 허용, 가족이 겪고 있는 변화와 도전에 대한 슬픔과 상실을 다룰 수 있는 안전한 장소의 제공 등이 포함된다. 부모가 이런 행동을 보여 줄 때 상처 입은 자녀와의 애착을 재건할 수 있으며 결국 자녀를 위한 안전 기지 조성에 성공할 수 있다.

파멜라

파멜라의 부모님은 파멜라가 매우 어렸을 때 이혼을 했다. 부모님은 어린 나이에 결혼을 했기 때문에 대학을 마치고 원하는 직업을 가지게 될 때까지 아이 가지는 것을 미뤘다. 파멜라의 부모는 이혼을 결정하기 전 4년 동안 결혼 상담사를 꾸준히 만났다. 파멜라의 아버지는, "저는 항상 우리가 서로를 너무 미워하게 되기 전에 결정을 내려야 한다고 생각했습니다. 저는 에이미(파멜라의 엄마)를 미워하고 싶지 않아요." 라고 말했다. 파멜라의 아버지와 어머니는 모두 이혼을 원했지만 서로에게 매우 우호적이었다. 이들은 딸에게 어떤 것이 가장 좋은지 연구한 뒤 발달에 민감한 육아 계획을 세워 서로 시간을 균등하게 나누어 담당하고 한 달에 한 번씩 세 명이 함께 모이는 가족 모임도 가졌다. 파멜라의 부모는 가정에서 일어나는 변화를 파멜라가 잘 지나가도록 돕기 위해 놀이치료를 받기로 결정했다. 그들은 첫 회기 면접에 함께 참석했고, 소파에 앉아 매우 편안한 모습으로 질문에 답을 했다. 종종 다투기는 했지만 서로를 진심으로 아꼈으며 지금은 좋은 우정을 나누고 있다고 보고하였다.

처음 치료에 들어갔을 때 파멜라는 매우 활기찬 네 살짜리 아이였고 어머니, 아버지 모두와 안정 애착을 형성한 상태였다. 치료사는 이사, 이혼 확정, 새로운 환경에의 적응 등 큰 변화가 계속되는 몇 주 동안 아동중심 놀이치료와 가족 놀이치료를 진행하였다. 파멜라는 이러한 변화들이 이해하기 어려웠지만, 치료사와 부모님은 파멜라의 세상에 어떤 변화가 일어나더라도 부모님께 사랑받고 있고 보살핌을 받을 것이라는 확신을 지속적으로 주었으며, 따라서 이런 큰 변화 중에도 파멜라는 비교적 안정적인 정서 및 관계를 만들어 낼 수 있었다. 이 과정을 통해 부모-자녀 관계뿐 아니라 부부 관계에서도 건강한 관계를 장려하고 촉진할 수 있었다. 가족 구성원 모두가 안정 애착을 회복할 수 있었고 가족 체계에 항상성이 만들어졌다고 판단되었을 때 치료를 종결하였다.

　몇 년 후, 파멜라의 어머니가 치료를 다시 받고 싶다고 연락해 왔다. 파멜라는 이제 10세가 되었고 그동안 여러 가지 변화가 있었다고 했다. 파멜라는 한동안 학업적으로, 사회적으로 어려움을 겪었지만 비교적 잘 지내고 있었다고 한다. 아버지인 존은 최근 진지한 연애를 하고 있었고 재혼을 고려하고 있었다. 그의 새 약혼자는 이전 결혼에서 12세, 14세, 16세, 17세의 아들 여럿을 둔 상태였다. 파멜라는 아버지에게 생긴 새로운 관계에 속상해했고 곧 의붓형제가 될 아이들과의 관계에서 힘들어했다. 파멜라의 어머니는 아직 미혼이었고 이혼 이후로 누구와도 연애를 하지 않았다. 파멜라는 아버지의 새로운 관계가 시작되자 어머니와의 관계로 후퇴해 버렸고, 이로 인해 의도치 않게 어머니와 딸 사이에 과도한 밀착이 일어났다. 파멜라의 어머니는 이런 상황에 대해 인식했지만 어떻게 관계의 역동을 다시 바꿀 수 있을지 알 수 없었다. 또한 전남편과의 안전한 관계도 새롭게 만들어진 관계로 인해 어려움을 겪었다. 존의 약혼자는 존과 전 부인 사이의 정서적 친밀감에 불편해했고, 이로 인해 가족 내 성인들 간에 긴장 관계가 형성되었다.

　이전에 실시했던 것과 유사하게 파멜라에게 개인, 부모-자녀 및 가족 치료를 활용하는 것이 좋겠다는 결정이 내려졌다. 개별 놀이치료에서 파멜라는 아버지의 새로운 관계가 자신에게 어떤 의미인지에 대한 것과 그에 대한 두려운 감정을 탐색할 수 있었다. 파멜라는 자신이 버림받을 것이고 결국 '못생기고 냄새 나는 남자아이들'이 자신의 자리를 뺏어갈지 모른다는 두려움을 느꼈었다는 사실을 깨달았다. 파멜라는 캠핑, 낚시, 하이킹 등 자신은 좋아하지 않아 아버지와 함께 하지 않았던 활동들을 의붓남자형제들이 아버지와 함께 즐겁게 하는 모습을 보면서 아버지가 자신보다 의붓남자형제들을 더 사랑하게 될까 봐 두려웠다고 표현했다. 파멜라와 아버지는 재혼이라는 변화를 겪는 동안 관계를 회복하고 안전감을 새로 만들 필요가 있었기 때문에 애착 기반 놀이치료를 이용한 부모-자녀 치료에 참여했다. 파멜라의 아버지는 딸에 대한 사랑과 헌신을 재확인할 수 있었고 파멜라의 두려움을 함께 헤쳐 나갈 수 있었다.

파멜라와 어머니도 수년 동안 발달시켜 온 부모-자녀 관계를 변화시키기 위해 부모-자녀 치료에 참여하였다. 파멜라와 어머니는 더 건강한 부모-자녀 관계를 만들 수 있었을 뿐만 아니라 양육에서 경계와 기대를 재정립할 수 있었다. 파멜라는 몇 년 동안 어머니와의 관계에서 통제권을 가지고 있는 것에 익숙해졌기 때문에 새로운 변화들과 씨름해야 했다. 하지만 어머니와의 관계에서 더 안전한 애착을 만들어 가면서, 파멜라는 자신이 인생에서 경험했던 도전들에 더 잘 대처할 수 있게 되었고, 전반적으로 더 행복해지고 있다는 것을 알게 되었다.

아버지 존이 재혼한 후에도 놀이치료는 몇 달 동안 더 계속 되었다. 새로운 가족 관계 안에 상당한 어려움이 있었으나 시간이 흐르면서 파멜라와 새어머니를 포함한 새 가족 시스템 안에는 비교적 안전한 기반이 형성되었다. 어머니와의 안정 애착이 파멜라가 이러한 변화와 도전을 헤쳐 나가 새로운 발전을 도모하는 데 큰 도움이 되었다.

리처드

7세인 리처드는 이혼 소송과 양육권 싸움을 주재하는 판사에 의해 상담이 의뢰되었다. 리처드의 부모는 공식적으로 이혼한 지 3년이 지났는데도 지난 몇 년간 서로를 상대로 한 법적 절차에 휘말려 지냈다. 리처드의 부모님이 헤어졌을 때, 리처드는 아주 어렸고, 갈등이 심각한 환경에서 자라고 있었다. 두 부모는 모두 아동학대 혐의를 여러 차례 받았지만 근거가 없는 것으로 조사됐다. 그러나 결국 판사는 이러한 행동을 계속하면 부모 모두 감옥에 갇히게 될 것이라고 엄중한 경고를 내렸다.

리처드는 조용하고 말이 없는 아이로 묘사되었다. 리처드는 조심스

럽게 놀이치료실에 들어와서는 아무 말도 하지 않고 방 한가운데 서 있었다. 그는 치료사가 초대할 때까지 의자에 앉지도 않았다. 리처드는 누군가 먼저 말을 걸지 않으면 아무 말도 하지 않았고 장난감을 가지고 놀아도 되냐고 묻지도 않았다. 놀이치료사가 리처드에게 원하는 것이 있다면 무엇이든지 가지고 놀 수 있다고 알려 주자, 그는 조용히 테이블에 머리를 얹고 눈을 감았다. 치료사는 무엇이든 가지고 놀 수 있다는 자신의 말이 리처드에게 압도적이었다는 것을 감지했고, 두 가지 활동을 제시할 테니 골라 볼 수 있겠는지 물었다. 리처드는 고개를 끄덕인 후 눈시울을 붉히며 치료사를 올려다보았다. 색칠하기를 선택한 리처드는 조심스럽게 직선을 긋고 선 밖으로 색이 나가지 않도록 주의하면서 꼼꼼히 색칠을 하였다.

　리처드의 소심한 탐색은 초기 몇 회기 동안 지속되었으며 리처드의 세계는 혼란 속에 있었고, 놀이치료실에서 그의 놀이는 매우 조용하고 조심스러웠다. 리처드는 쉽게 압도당했고, 아무리 간단한 것이라도 선택을 요청받으면 긴 시간 고민하는 모습을 보였다. 하지만 상담이 진행되면서 리처드는 치료사와 더 자주 눈을 마주치고 더 많이 언어적으로 상호작용했다. 리처드는 치료사 가까이 앉기 시작했고, 핑거 페인트와 같은 다소 지저분하게 느껴지는 작업도 할 수 있게 되었다.

　한 놀이치료 회기에 리처드는 새로운 장난감인 거대한 허기보를 발견했다. 리처드는 아무것도 묻지 않은 채 계속해서 허기보를 훑어보았다. 치료사는 리처드가 새롭게 가진 관심을 계속 격려해 주었고, 리처드는 결국 조심스럽게 허기보 쪽으로 걸어갔다. 리처드는 그 위에 앉아 벨크로로 허리를 단단히 감쌌다. 그러고나서 허기보에 몸을 기대고 조용히 말했다. "기분이 좋아." 리처드는 부드럽고 푹신한 담요가 가까이 있는 것을 발견하고 사용해도 되는지 물었다. 이 순간이 리처드가 놀이치료실에서 스스로 장난감을 찾는 최초의 순간이었다. 그는 자신과 허기보를 담요로 감싸고는 조용히 자장가를 흥얼거리기 시작했다. 이 놀이는 이후 몇 회기에 걸쳐 계속 반복되었고, 더 많은 양육용 장난감들을 포함시키기 시작했다. 리처드는 허기보 옆에 부드러운 장난감을 놓고 그 둘레에 담요를 깔기도 하고, 양인형과 테디베어를 조심스럽게 집어넣기도 했으며, 아기 인형을 안고 달래듯 쓰다듬어 주기도 했다. 리처드는 한 회기를 마무리할 때마다 치료사에게 작별 인사를 하기 전에 매번 같은 자장가를 흥얼거렸다.

치료사는 4주에 한 번씩 양쪽 부모를 개별적으로 만나 양육 고민을 들어 보고 심리교육을 실시하며 자녀와의 안정성과 유대감을 쌓기 위한 양육 전략을 알려 주었다. 두 부모는 리처드에게 자신의 생각과 감정을 처리할 안전한 장소가 필요하다는 것을 깨달았고, 법적 절차에 리처드의 치료를 끌어들이지 않기로 동의했다. 리처드가 놀이치료 시간에 불렀던 자장가에 대해 묻자, 아버지와 어머니 모두 할머니가 돌아가시기 전에 리처드에게 불러 주던 자장가라고 말했다. 리처드의 할머니는 가족에게 안정감을 주었고, 이혼 후에도 각 부모가 효과적인 관계를 유지할 수 있도록 도왔으며, 모든 사람에게 인정과 사랑을 주던 존재였다. 할머니가 세상을 떠나자 리처드의 어머니와 아버지는 심각한 관계로 퇴보해 현재에 이르게 된 것이다.

얼마간의 시간이 흐른 후 각 부모와 리처드는 부모-자녀의 훼손된 애착을 다루고 슬픔과 상실감의 문제를 작업할 수 있는 부모-자녀 애착 작업을 시작할 준비가 되었다. 우선 치료사는 치료놀이(Theraplay) 기법을 활용하여 양육의 질적 수준을 향상시키고 건강한 접촉을 증가시켰으며 이를 통해 애착 상처를 복구하였다. 이러한 경험을 통해 가족이 서로에 대해 더 편안해졌고 부모와 자녀 사이에 정서적 안전의식이 발달하게 되었다. 정서적 안전의식이 확립되면서 리처드와 그의 부모는 이혼과 할머니를 잃은 슬픔, 상실, 분노, 상처의 감정을 탐색할 수 있었다. 리처드와 그의 아버지가 함께 참여한 가장 멋진 작업 중 하나는 홀리 윌러드(Holly Willard)가 만든 마음 만들기 기법이었다. 리처드와 아버지는 서로가 떨어져 있을 때 유대감을 느낄 수 있도록 서로에게 쓴 사랑의 메시지를 안에 넣은 봉제 인형을 함께 만들었다.

시간이 지나자 리처드의 행동은 훨씬 자연스러워졌고 큰 소리로 웃곤 했다. 정서는 더 밝아졌고, 더 사교적이 되었다. 리처드의 어머니는 리처드가 처음으로 친구 집에 초대를 받았다고 보고했고, 학업적인 면을 포함하여 전반적으로 잘 해내고 있고 행복해 보인다고 했다. 리처드의 아버지는 리처드를 만나는 날에 긍정적인 시간을 함께 보낼 수 있었고 거리낌 없이 포옹하고 장난칠 수 있었다고 보고했다.

여러 차례의 요청에도 불구하고 리처드의 부모는 함께 치료를 받는 것에 대해서는 거부적이었다. 결국 양육권 및 이혼과 관련된 다양한 사건과 이와 관련된 갈등의 수위를 줄이기 위해 양육 코디네이터의 도움을 받기로 결정했고, 이것은 리처드가 느끼는 스트레스를 줄이는 데 큰 도움이 되었다. 어머니와 아버지는 리처드 앞에서 서로에 대한 부정적 발언을 하지 않고, 리처드를 둘 사이의 메신저로 사용하지 않기로 동의했다. 이들은 구글 캘린더로 함께 해야 할 일들을 공유하고 양육 코디네이터의 도움을 받아 보다 효과적이고 건강한 방식으로 소통할 수 있게 되었고 언어적 대립과 서로에 대한 공격적 표현을 줄여 나갈 수 있었다.

개입

놀이치료는 가족의 해체로 인해 영향을 받은 관계를 회복하는 데 효과적이어서 부모의 이혼을 경험하는 자녀들에게 흔히 사용된다. 이혼의 과정에 있는 많은 아이가 부모의 별거에 따라 상당한 슬픔, 상실, 분노를 경험하게 되는데, 놀이치료는 아이들이 겪은 경험과 감정을 표현할 수 있는 단어를 찾도록 도움을 주며 치유의 과정을 제공한다.

마음 만들기[2]

이 기법은 부모의 이혼과 별거에 따른 자녀의 애착 상처를 치유하는 데 매우 효과적이다. 이 기법의 목표는 아동이 가족 구성원과 멀리 떨어져 살게 되거나 분리가 되더라도 가족 간에 서로 다른 모습의 애착을 유지하도록 돕는 것이다. 부모와 아동이 하트 모양 종이에 서로 사랑하는 마음을 상징적으로 표현한 후 봉제 동물 인형 속에 넣어서 아동이 다른 부모를 방문하거나 왕복할 때 혹은 이사를 멀리 간 부모와 거리가 멀어 자주 못 만날 때 이 봉제 동물 인형을 활용하도록 하는 방법이다.

이 기법은 아동 개별 회기에서 사용할 수도 있고 가족 회기에서 사용할 수도 있다. 개별 회기에서 내담자는 하트에 표현할 사람의 어떤 점을 사랑하는지에 대해 치료사와 공유해 볼 수 있다. 가족 회기에서는 참여한 가족 구성원들이 아동에 대해서 어떤 점을 사랑하는지 이야기 나누는 시간을 가질 수 있다. 이 기법은 초기 평가 후 치료의 어떤 단계에서 사용해도 좋다.

---

2) 홀리 월러드(공인 놀이치료 슈퍼바이저, 사회복지사)가 제안.

준비물
- 봉제 동물 인형
- 두 개 이상의 펠트 하트(개인당 하나)
- 바늘과 실
- 가위
- 잘 지워지지 않는 마커

방법
① 아동에게 봉제 동물 인형을 제공한다. 아동과 부모에게 사랑이 어떤 의미인지 탐색하도록 한 후 사랑에 대한 그들의 믿음과 기대에 대해 이야기 나눈다. 치료사는 아동과 부모에게 우리는 무한히 많은 사람을 사랑할 수 있고, 그렇게 많은 사람을 한꺼번에 사랑할 수 있을 만큼 사랑은 충분히 크며, 아동이 어떤 부모를 사랑할지 선택할 필요는 없다고 설명한다. 개입을 시작하기 전에 부모와 시간을 미리 갖고 이러한 개입을 하는 목적에 대해 이야기하고 이 믿음과 메시지에 대해 부모가 동의할 수 있도록 잘 설명하는 작업이 필요하다.
② 치료사나 부모가 봉제 동물 인형 위에 구멍을 내준다.
③ 하트 위에 사랑하는 사람들의 이름을 적은 후 아동이 원하는 대로 꾸민다. 사랑하는 사람이 많다면 여러 개의 하트를 만들 수 있다. 그리고 나서 각각의 하트를 봉제 동물 인형의 구멍을 통해 넣는다. 부모도 사랑, 수용, 응원의 메시지를 하트에 적어서 봉제 동물 인형에 같이 넣을 수 있다.
④ 부모가 바늘과 실로 봉제된 동물의 솔기를 꿰매어 하트를 봉인한다.

⑤ 봉제 인형을 아동에게 주면서, 봉제 인형이 이 모든 하트와 사랑을 자기 안에 담을 수 있는 것처럼, 사람의 마음도 많은 사랑을 담을 수 있다고 이야기해 준다. 아동이 현재 드는 생각과 느낌에 대해서 다루어도 좋다. 아동은 봉제인형을 집으로 가져갈 수 있고, 봉제인형을 양육, 편안함, 연결의 원천으로 삼을 수 있다.

구슬길 만들기

이 기법은 가족의 분리와 해체 이후 다시 의사소통을 시작하고 연결을 만들어 가는 데 도움을 줄 수 있다. 가족이라는 지원 시스템을 마블런에 은유하여 마블런을 건축함으로써 손상된 지원 시스템을 재구축하는 경험을 할 뿐 아니라 관계를 재구축하기 위해 필요한 중요 요소에는 어떤 것들이 있을지 생각해 보는 시간을 가질 수 있다. 초기에는 특별한 의도나 계획을 생각하기보다는 그냥 창의적으로 함께 만들어 보기를 권한다. 가족은 반드시 팀으로서 어떻게 마블런을 쌓아 올릴 것인지 함께 결정해야 하고 그렇게 하기 위해 모든 건축 자재를 사용해야 한다. 일반적으로 초기 구조는 불안정하거나 잘 흔들리고 쉽게 넘어진다. 치료자는 마블런으로 잘 쓰러지지 않는 안전한 빌딩을 쌓아 올리기 위해 지원해야 할 것들에는 어떤 것들이 있는지 이야기 나눈 후 가족 시스템을 비유하여 가족이 잘 유지되기 위해 필요로 하는 정서적 또는 사회적 지원에는 어떤 것들이 있는지 파악하는 시간을 갖는다. 예를 들어, '내 감정에 대해 이야기하기' '사랑한다고 말하기'와 같은 것들이 있다. 기초 지지대가 설치되고 나면 가족은 또 다른 마블런을 만들어 본다. 이 과정에서는 실수, 웃음, 공동 문제 해결, 팀워크 등을 경험해 볼 수 있다.

준비물
- 마블런 세트
- 마스킹 테이프
- 마커

방법
① 가족에게 마블런 장난감 세트와 여러 개의 구슬을 준다. 처음에는 모든 건축 재료를 활용하여 정해진 방향 없이 가지고 놀 수 있도록 한다.
② 가족이 함께 만든 구조에서 어떤 점이 마음에 드는지, 어떤 점이 다르기를 바라는지 이야기 나눈다. 가족 구성원이 모두 함께 구슬을 구조물 꼭대기에 놓은 후 출발시켜서 밑으로 내려가는 것을 지켜본다.
③ 가족이 만든 구조의 강점과 약점에 대해서 이야기 나눈다. 가족이 기초 지지대를 활용했다면, 어떻게 기초 지지대를 활용할 결정을 내렸는지 그리고 기초 지지대를 사용함으로써 건축물에 어떤 변화가 생겼는지에 대해 함께 탐색한다. 가족이 기초 지지대를 사용하지 않았다면, 역시 마찬가지로 어떻게 기초 지지대를 사용하지 않는 것으로 결정이 내려졌는지 그

리고 기초 지지대를 사용하지 않는 것이 전체 구조 성공에 어떤 영향을 미쳤다고 생각하는지에 대해 탐색한다.

④ 구슬이 굴러가는 모습을 가족과 함께 살펴본다. 구슬이 계속 잘 굴러가기 위해서는 기초 지지대가 필요하고, 이러한 기초 지지대가 안전, 편안함, 안정 등을 제공한다고 설명함으로써 기초 지지대로 비유된 안전, 편안함, 안정 등의 정서가 관계 안에서 얼마나 중요한지 인식하도록 돕는다. 현재 가족 구성원들이 겪고 있는 변화와 새로운 적응 과정에서 필요한 자원이 무엇인지 그리고 관계 안에서 서로가 원하는 것이 무엇인지 확인해 보도록 한다. 임상가는 이러한 애착 욕구를 파악하거나 표현하는 데 어려움을 겪는 가족을 돕거나 격려할 수도 있다.

⑤ 플라스틱 지지대(치료사가 준비한 마스킹 테이프나 장난감 부품에 부착된 테이프에도 쓸 수 있음)에 가족이 확인한 다양한 애착 필요성을 기록하고 기초 지지대를 안전 기반으로 사용하여 새로운 구조를 만들어 보도록 한다. 새로운 마블런이 만들어지면 경주를 하며 함께 즐거운 놀이 시간을 갖도록 한다.

가족의 통합

이혼을 경험한 아동에게 실시되는 애착 기반 놀이치료에서 가족의 참여는 매우 중요한 요소이며, 이혼 후 가족이 여러 가지 변화와 파편화를 겪을 때 아동과 가족의 치유는 안전한 공간을 마련하는 것으로부터 시작된다. 애착이라는 렌즈를 통해 가족을 볼 때는 '이 가족에게는 무엇이 필요한가?'라는 질문을 스스로에게 던지는

것이 중요하다. 이 가족에게는 연결이 필요한가, 아니면 분리와 개
별화가 필요한가? 혹은 두 가지 모두가 필요한가? 보통 가족이 해
체된 후에는 가족이 함께 모여 애착의 끈을 바로잡을 필요가 있으
므로 연결이 좀 더 필요해 보인다. 이혼 후 부모가 유지하는 관계에
따라 구성원이 모두 참여하는 가족치료 대신 한 부모가 참석하는
부모-자녀 놀이치료를 하는 것이 아동에게 이익일 수도 있다. 다
만 부모가 건강한 관계를 맺고 서로의 존재에 관여할 수 있는 경우
에는 가족 놀이치료가 매우 유익한데, 부모와의 이혼에 대한 슬픔
과 상실을 함께 동시에 헤쳐 나갈 수 있기 때문이다.

임상가는 가족 간의 다양한 애착 상처 및 훼손을 평가한 후 다
시 애착 관계를 회복하는 데 도움이 되는 치료 계획을 세울 필요
가 있다. 연구는 치료 과정에 부모를 포함시키는 것이 가족 환경
의 독성을 완화하고, 대처 전략을 개선하며, 부모-자녀 관계를 개
선하는 데 도움이 된다는 것을 일관되게 입증해 왔다(Diamond &
Josephson, 2005; Melenthin, 2018). 놀이치료를 통해 가족이 갈등을
건강하게 해결하는 법을 배우고, 부모-자녀 관계에 대한 신뢰를
다시 쌓고, 부모를 정서적 지지로 활용하는 법을 배우게 되면 가족
안에 안전한 기반이 구축되면서 가족 체계 항상성이 회복될 수 있
다(Diamond & Josephson, 2005; Melenthin, 2018).

정리

이혼은 아동의 연령과 상관없이 가족 구성원 모두에게 매우 고
통스러운 경험이다. 성인이 예상한 것보다 훨씬 가슴 아픈 방식으

로 아동의 삶뿐 아니라 관계에 대한 기대에 영향을 미친다. 아동은 부모가 이혼과 분리라는 과제에 어떻게 대처하는지를 목격하게 되고, 이렇게 목격한 정서적·행동적 반응을 모방하게 될 것이다. 아동의 환경과 관계에 지장을 초래하는 이혼 과정의 경험으로 의뢰되는 아동들은 매우 많다. 아동 내담자에 대한 공감과 관계 형성은 그리 어려운 일이 아닌데, 사실 아동의 놀이치료실 방문만큼 절실한 것은 부모들을 놀이치료실에 초대하는 것이다. 부모의 놀이치료실 방문은 부모가 자신의 슬픔과 분노를 건강한 방식으로 표면화하는 첫 번째 경험이 되는 경우가 대부분이다. 자녀의 아픔을 수용하고 존중할 수 있는 내면의 자아 강도를 키울 수 있다는 것은 가족 모두에게 강력한 힐링 경험이 된다. 이것이 바로 가족 시스템에 지속적인 변화와 치유가 일어나는 방식이며, 가능하다면 임상가는 각각의 부모와 작업하여 아동과 부모 사이의 애착을 회복하고 재건하는 데 집중해야 한다.

이혼의 과정을 절대 언어로 표현하지 않는 가족도 있을 것이다. 그럴 때 놀이와 장난감은 가족이 절실히 필요로 하는 단어가 되어 줄 수 있다. 또 어떤 가족은 놀이치료 과정을 통해 자신의 정서적 경험과 치유 과정을 어떻게 언어적으로 표현할 수 있을지 배우기도 한다. 그러나 부모가 참여하지 않는 경우 이 여정은 부분적 성공으로만 남게 되는데, 이는 아동의 애착 상처가 부모를 통해 완전히 인식되고 치유되는 과정을 거치지 못하기 때문이다. 어떤 경우에는 치료사가 할 수 있는 교육과 설득을 모두 했는데도 여전히 부모가 이 과정에 참여하기를 거부하기도 한다. 그럴 때 치료자는 낙담하기 쉬우나, 인간의 타고난 회복력은 매우 강력한 힘이라는 것과 아동이 지금은 아니더라도 인생의 또 다른 어떤 시점에서 치유의 계절을 맞이할 수도 있다는 것, 그리고 대리 애착 대상을 찾을 수도 있다는 것을 기억해 주기 바란다. 그리고 아마도 치료자가 그 대리 애착 대상이 되어 줄 수도 있을 것인데, 그렇다면 그것은 아마도 놀이치료사가 아동에게 제공할 수 있는 최고의 작업이 될 것이다.

참고문헌

Ahrons, C. R. (2006). Family ties after divorce: Long-term implications for children. *Family Process, 46*(1), 53–65.

Diamond, G., & Josephson, A. (2005). Family based treatment research: A 10-year update. *Journal of American Academy Child and Adolescent Psychiatry, 44*(9), 872–887.

Mellenthin, C. (2018). *Play therapy: Engaging and powerful techniques for the treatment of childhood disorders*. Eau Claire, WI: PESI Publishing & Media.

Sirvanli-Ozen, D. (2005). Impacts of divorce on the behavior and adjustment problems, parenting styles, and attachment styles of children. *Journal of Divorce & Remarriage, 42*(3-4), 127–151. Doi: 10.1300/JO87v42n03_08

Steinman, S., & Petersen, V. (2001). The impact of parental divorce for adolescents: A consideration of intervention beyond the crisis. *Adolescent Medicine, 12*(3), 493–507.

제6장

죽음, 애도 및 상실과 애착

들어가기

죽음, 애도 그리고 상실은 우리의 삶과 관계 속에서 흔히 경험할 수 있는 일이다. 대부분의 가족은 할아버지, 삼촌, 이모, 사촌, 형제 혹은 부모와 같이 사랑하는 사람의 죽음을 경험하게 된다. 아동이 이러한 경험들을 이해하고 건강한 애도 과정으로 통합하는 능력은 몇 가지 요인—아동의 발달 연령, 아동과 고인의 애착 특성, 자녀와 부모 그리고 부모와 고인 간의 애착 유대 특성—에 달려 있다. 가족 간의 관계는 복잡할 수 있으며, 죽음에서 또한 다르지 않다. 가족 간의 관계를 더 복잡하게 만드는 것은 죽음의 특징이다. 만약 아동이 고인의 임종 시에 함께 있었거나 고인을 죽음에 이르게 한 외상 사건을 목격했다면 이것은 그 가족이 죽음 혹은 죽어 가는 것에 대처하는 데에 중대한 영향을 미치게 된다. 이러한 경험과 죽음에 대한 아동의 반응은 아동의 내면에 복합적 혹은 외상적인 슬픔 반응을 만들어 내게 되고, 이 모든 요인이 애착 유대에 잠재적으로 영향을 미쳐 불안전감이나 양가 감정을 느끼게 만든다.

문헌 고찰

아동이 느끼는 슬픔과 상실의 감정은 어른의 그것과는 다르다. 죽음에 대한 이해는 아동의 연령이나 인지 발달에 따라 달라진다. 어린 아동은 사람이 죽어서 다시는 돌아오지 못한다는 것을 완전히 이해하지 못할 수도 있다. 그들은 사랑하는 사람이 길을 잃거나, 다치거나, 배가 고프거나 혹은 무서워하고 있지 않을까 걱정할 수도 있다. 어린 아동은 고인을 찾으러 가려고 하거나 그들이 돌아올 것이라고 믿을 수도 있다. 아동이 애도 과정을 이해하고 준비하도록 돕기 위해서는 아동과 고인 사이의 애착 특성을 반드시 고려해야 한다. 부모나 양육자가 죽었을 때와 먼 친척이 죽었을 때 아동의 반응은 다를 것이다. 부모 혹은 애착 대상을 상실하는 것은 아동에게 외상적인 경험이며 이러한 상실을 아동이 현실로 받아들이기까지는 오랜 시간이 걸릴 것이다.

아동은 주기적으로 슬퍼하는 경향이 있다. 일반적으로, 발달 중인 아동은 세상에 대한 이해와 인식이 발전하면서, 그리고 그들의 부모가 상실에 대처하는 것을 관찰하면서 슬픔과 상실에 대한 반응과 개념을 여러 번 바꾸게 된다. 그들은 또한 슬픔에 대해 지연된 반응을 보이거나, 그들의 감정으로부터 부모를 보호하기 위해 슬품을 혼자 간직하려 할 수도 있다. 이것은 특히 나이 든 아동이나 청소년에게서 흔한 일이다(Dickens, 2014).

상실이나 외상을 경험한 아동은 자신의 정서나 생각, 느낌을 언어로 표현하지 못할 수도 있고 정서 반응을 거의 하지 않거나 아예 회피할 수도 있다(Stutely et al., 2016). 이것은 특히 어린 아동들에게서 흔한 일이다. 아동은 고인의 부재뿐만 아니라 가족 내의 변화, 가정 환경의 변화로 인해 슬퍼할 수도 있다. 애도 기간 동안 가정 환경에 영향을 미치는 요인들에는 부모가 죽음을 거부하거나 받아들이지 못하는 것, 서로 다른 대처 전략으로 인한 부부간의 갈등, 그리고 가족이 슬픔과 상실을 헤쳐 나갈 수 있도록 도와줄 지원 체계의 부족 등이 포함된다(Dickens, 2014). 부모나 양육자의 정서적 가용성이 부족하다고 느끼거나, 일상생활에서 일관성과 보살핌이 부족하다고 느끼게 되면 아동은 혼란스럽고 불안해질 것이다. 이것은 아동의 슬픔을 깊어지게 하고, 안정 애착의 유대에 영향을 미칠 수도 있다. 또한 부모가 슬퍼할수록 아동은 부모 또한 죽을 수 있고 그렇게 되면 부모가 자신을 돌보지 못하게 되어 결국 자기 자신도 죽는 것은 아닐까 하는 두려움을 느끼게 될 수도 있다(Smith, 1991).

아동이 무섭거나 안전하지 않다고 느끼면 자연스럽게 애착 추구 행동을 활성화하게 되고 부모로부터 위로와 안정을 찾으려고 한다. 부모가 여기에 어떻게 반응해 주느냐에 따라 아동은 진정이 되어 안전감을 느낄 수도 있고, 불확실성이 증가하여 조절하기 어려운 상태가 될 수도 있다. 부모가 자기 자신의 슬픔과 외상적 경험에 압도되어 있는 상태라면 아동의 애착 요구에 적절히 반응해 줄 만한 정서적 능력은 부족해질 것이다. 과거에 해결되지 않았거나 외상적인 슬픔을 경험했던 부모라면 새로운 상실 경험은 슬픔, 상실,

분노와 같은 오래된 감정들을 과거와 똑같은 수준으로 불러일으켜서 그들을 예측할 수 없는 행동으로 이끌 수 있으며, 이것은 자녀들에게 복합적인 애도 반응과 두려움, 불안감을 야기할 수 있다.

복합적인 애도(complicated grief)는 죽음을 받아들이지 못하는 것, 죽음과 관련된 기억을 부정하고 회피하는 것, 비이성적으로 고인과 함께하고 싶어 하는 것, 그리고 고인에 대해 지속적이고 침습적으로 생각하는 것 등을 특징으로 한다(Dickens, 2014). 복합적인 애도를 겪고 있는 부모는 이러한 증상 외에도 고인을 떠올릴 때 강렬한 고통을 느끼거나, 가족 구성원에게 어떤 식으로든 고인이나 죽음에 대해 말하지 말 것을 요구하거나, 자신과 타인을 돌볼 수 있는 능력이 손상되거나, 심각한 분리 불안을 경험할 수 있다(Mancini & Bonanno, 2012). 예를 들면, 부모는 자녀와 함께 자면서 자녀로부터 위로와 위안을 받고 싶어 할 수 있다. 부모가 자녀에게 이러한 기대를 투영시켜 요구하게 되면 아동은 부모의 양육자이자 주요 애착 대상의 역할을 떠맡게 되는데 이것은 부모-자녀 역할이 뒤바뀌는 것이다. 혹은 가정 내에서 고인의 이름을 말하는 것이 금지된다든가, 가족 구성원들은 '강해져야' 하거나 '견뎌 내야' 한다든가, 슬픔, 애도, 상실과 같은 정서적 표현을 하면 안된다는 등의 '규칙'을 만들어 내게 된다.

복합적인 애도에는 몇 가지 하위 유형이 있는데, 이들 각각이 가족의 기능과 부모-자녀 애착에 직접적으로 영향을 미치기 때문에 잘 숙지해야 한다. 애도 지연(delayed grief)은 전형적인 애도 반응이 사망 몇 주, 몇 달, 심지어 몇 년 후에 일어나는 것을 말한다. 이것은 어린 아동과 청소년에게는 발달적으로 적절한 애도 반응이지만 종종 부모의 허를 찌르게 될 수 있고, 부모는 그 모든 슬픔과 강럴한 감정을 다시 겪을 준비가 되어 있지 않을 수 있다. 하지만 아동의 입장에서는 부모가 그들의 버거운 감정들을 잘 견디거나 감당할 수 있다고 느낄 때, 그리고 삶이 새로운 정상적 생활에 정착되어 이제 부모가 정서적으로 가용하다고 느낄 때 애도 반응이 시작되는 것은 당연한 일이다. 부모가 애도 지연의 증상을 보인다면 이것은 가족에게 매우 어려운 도전일 수 있다. 왜냐하면 그것은 가족을 해결되지 않은 원래의 상실과 동일한 상태로 되돌려서 충격에 빠뜨리기 때문이다.

애도 부재(absent grief)는 애도 반응이 억제되고 부정되거나, 슬픔의 증상이 외적으로 관찰되지 않거나, 애도 과정의 징후가 관찰되지 않는 것을 말한다(Noppe, 2000). 이것은 회피 애착과 유사하게 내적인 심리적 고통은 있지만 정서나 행동상 외적인 변화는 거의 없는 것을 말한다. 가족은 감정을 표현하는 방법 혹은 어떤 감정을 표현해야 하는지에 대한 규칙을 가질 수 있는데, 예를 들면 긍정적인 감정만 허용된다, 남자는 울지 않는다, 혹은 모든 것이 괜찮다와 같은 것이다. 또한 정신적 외상을 입은 아동의 경우 스트레스 상황에 압도되었을 때 자신의 정서를 견뎌 내는 능력에 따라 애도 부재를 경험할 수 있다. 슬픔에 대한 부정은 외상 증상을 촉발 혹은 재촉발하게 만드는 상황에 대해 스스로 통제할 수 없으나 통제해야 할 필요가 있다는 것을 나타내는 징후이다. 이러한 상황에 처한 아동은 해결되지 않은 슬픔에 더해 복합적인 외상 후 스트레스 증상을 경험하는 외상적 애도로 발전될 가능성이 높다.

미해결 혹은 만성적 애도(unresolved or chronic grief)는 아직 끝나지 않았거나, 길어지거나, 불완전하게 종결된 애도 반응을 말한다. 상실에서 회복되지 못하고 그들의 고통을 해결할 방법을 찾지

못하거나 고인을 일상생활에 통합해 내지 못한 부모와 자녀는 절
망이라는 즉각적인 애착 반응과, 고인과의 친밀감을 다시 확립하
고자 하는 애착 목표에 갇혀 버린다(Field, 2006). 예를 들어, 부모
가 죽은 아이의 무덤을 매일 찾아가 그들이 얼마나 아이를 사랑하
는지 이야기하거나, 고인이 춥거나 배가 고프지는 않을지 걱정하
거나, 고인에 대해 현재 시제로 말하거나, 극단적인 경우에 그들이
여전히 살아 있다고 믿는 것이 징후가 될 수 있다. 부모가 자신들의
슬픔을 해결하지 못한다면 아동 또한 슬픔을 해결할 수 없다. 연구
에 따르면 미해결 애도 반응을 보이는 부모는 그들 자신의 정서적
반응을 스스로 감당할 수 없기 때문에 자녀가 부모를 두려워할 수
있으며 이로 인해 자녀는 혼란 애착으로 발전하는 경향이 있다. 이
경우 부모는 두려움의 원인인 동시에 해결책이 된다.

　미해결된 애도는 아동과 고인 사이의 관계적 외상에서 기인할
수도 있다. 고인과 아동 사이에 '끝내지 못한 일'이 있고 고인이 아
동에게 가한 정신적 충격에 대해 한 번도 책임을 지지 않았을 때,
학대 피해 아동은 고인에 대해서는 물론 현재의 관계 속에서도 격
렬한 분노로 반응할 수 있다(Field, 2006). 가족이었던 가해자가 사
망하였을 때 학대 피해자가 안도감과 슬픔을 동시에 느끼는 경우
도 흔하다. 하지만 안도감은 죽음에 대해 사회적으로 용인되거나
자주 거론되는 반응이 아니기 때문에 이런 감정을 느낀다는 것에
대해 극심한 수치심을 느낄 수도 있다. 이것은 장기간 병상에 있는
가족을 돌보면서 사랑하는 사람이 신체적·정신적으로 망가지는
것을 목격한 양육자나 가족 구성원들에게도 흔한 반응이다.

　사랑하는 사람을 상실한 후에 부모와 자녀 간의 연결과 애착 유
대를 회복하고 복구하는 것은 건강한 애도에 중요한 요소이다. 사

랑과 소속감에 대한 아동의 내적 작동 모델은 상실을 이해하고, 상실에 반응하며, 궁극적으로 상실의 경험을 삶의 이야기에 통합하도록 돕는다. 상실 이전의 애착 특성 또한 아동을 이해하고 양육하는 데에 중요하다. 안정 애착된 아동이라도 죽음 이후에 두려움과 불안감을 느끼는 것은 발달적으로 적절하다. 하지만 그들의 부모는 자녀를 이해하고, 애도 과정 내내 돌보아 주고, 일관되게 반응해 줄 수 있는 능력을 가지고 있기 때문에 그들은 감정을 분리하거나 슬픔을 가두어 둘 필요가 없다.

　죽음 이전에 불안정 혹은 양가 애착 관계였던 가족의 경우에는 자녀의 애착 요구를 충족시키는 부모의 능력이 슬픔과 상실감에 압도되고 손상되어 애도 과정 중에 아동을 혼자 남겨 두게 할 수 있다. 가족 내에서 안정감을 회복하고 조성하기 위해서는 연결과 조율의 치료적 순간을 촉진하는 것이 매우 중요하다. 또한 임상가는 애착 기반 양육 기술, 반영적 경청 기술 및 조절 방법을 다루기 위해 부모와 따로 작업하는 것이 필요할 수도 있다.

개입

　죽음을 잘 애도하는 데에는 시간이 걸린다. 치유는 고인이 된 사랑하는 사람과 정서적으로 '분리'되어 더 이상 그 사람을 생각하며 슬퍼하지 않게 될 때 일어난다(Field, 2006). 현대 정신 건강에서는 애도를 죽은 사람에 대한 분리나 단절로 생각하지 않고 일상생활 속으로 그리고 삶의 이야기로 통합하는 것을 추구한다. 이것은 우리가 애도 과정을 잘 견뎌내고 우리의 인생 경험에 대한 일관된 내

러티브를 만들도록 도와준다.

　사별은 사랑하는 사람이 사망한 이후 약 2년 정도 지속된다. 가족 내 애도의 복잡성은 노련한 임상가에게도 도전적일 수 있다. 어린 아동의 발달적 특성 때문에 임상가는 유연하고 적응적이어야 한다. 많은 아동이 생각과 감정을 언어적으로 나타내기 어려워하며, 놀이치료에서 창의적인 개입을 활용하는 것이 효과적인 치료 양식인 것으로 나타났다(Stutely et al., 2016). 놀이치료에서 아동이 미술, 모래 상자, 상상 놀이, 연극 등을 자신의 '말'에 대한 대안으로 선택하는 것은 아동의 건강한 통제감을 촉진해 준다. 연구들은 슬픔과 상실을 치료하는 데 있어 다양한 놀이치료 모델과 개입이 효과적임을 보여 주고 있다.

　『My Many Colors of Me Workbook』(Mellenthin, 2014)과 같은 개입법은 아동과 가족의 정서적 언어 발달을 촉진하고, 아동이 자신이 경험하는 강렬한 감정과 신체적 불편감을 적절한 단어로 표현할 수 없을 때 어떻게 그들의 몸이 감정을 드러내는지 알아차리는 것을 돕기 위한 표현 예술적 개입 방법으로 개발되었다. 미술 작업을 통해 아동은 다양한 감정적 상황들과 거기에 연결되어 있는 다양한 경험을 이해할 수 있다. 아동이 고인을 기억할 수 있도록 책자를 만들거나 그림을 그리게 하는 것도 효과적인 방법이다.

　학령기 아동과 애착 기반 가족 애도 작업을 시작할 때 임상가는 독서치료를 활용할 수 있다. 아동이 고른 책을 부모에게 읽어 달라고 요청하

고, 책을 읽는 동안 아늑하고 편안한 장소를 제공함으로써 부모와
자녀 간의 공감과 이해도를 높일 뿐 아니라 양육을 증진시킬 수 있
다. 그러고 난 다음, 가족이 어떻게 느끼는지 또는 상실이 그들에게
무엇을 의미하는지를 보여 주는 표현 예술적 개입에 그 책을 촉진
물로 사용할 수 있다.[1]

　놀이치료사는 다음에 나오는 각 놀이치료 개입 기법들을 개인, 집
단, 가족 및 부모-자녀 치료에 적용할 수 있다. 아동이 애도할 때,
그들은 큰 감정을 경험하고 있으며 슬픔의 기운을 없애기 위해 때
로는 전신 운동이 포함된 '큰 놀이'를 필요로 한다는 것을 기억해야
한다(Smith, 1991). 두기 센터(Dougy Center)[2]와 같은 애도 지원 센터
에 가족을 의뢰하는 것이 유용할 수도 있다.

조각 이불 만들기

　조각 이불 만들기는 아동과 그 가족이 애도하는 동안 느끼는 다
양한 감정을 이해할 수 있도록 도와주는 표현 예술적 개입이다. 분
노, 부정, 슬픔, 절망이 애도에 대한 대표적인 반응이기는 하지만,
슬픔에 빠진 가족은 무수히 많은 상반된 감정을 동시에 경험하기
때문에 내적으로 매우 혼란스러울 수 있다. 애착 유대와 안정감이

---

1) 역자 주: 저자는 다음과 같은 동화책들이 이 작업에 효과적이라고 추천하였으
　나 아직 우리나라에서 번역서가 출간되지 않았다. 『Tough Boris』(Mem Fox 저),
　『Tear Soup』(Pat Schwiebert & Chuck DeKlyen 저), 『Chester Raccoon and the
　Acorn Full of Memories』(Audrey Penn 저)
2) 역자 주: 아동 및 가족 슬픔을 위한 미국 내 국립센터로, 오리건주에 위치해 있으
　며 아동 및 청소년의 애도에 필요한 지원 그룹과 서비스를 제공한다.

약화된 상태에서 이러한 감정들이 처리되지 않은 채 남아 있는 것은 고통스러울 것이다. 이 활동에서 부모와 자녀는 자신들만의 조각 이불을 만들게 된다. 종이로 만든 조각 이불들을 이어 나가면서 그들은 자신들의 치유 여정을 표현하고, 서로 다른 감정들과 자신의 서로 다른 부분들을 기린다. 물감이나 크레용 같은 미술 도구를 사용함으로써, 슬픔은 복잡한 과정이기 때문에 지저분하고 완벽할 수 없다는 상징적 표현을 탐색하는 데에 도움이 될 수 있다. 이것은 가족이 함께 참여하는 애도 작업에 사용하기에 적절하며 가족이 함께 경험을 처리하고, 함께 어떤 것을 만드는 과정에 집중하게 한다는 점에서 중요하다.

준비물
- 흰 종이
- 물감이나 크레용
- 마스킹 테이프

방법
① 내담자에게 익숙한 감정들과 내담자가 현재 느끼는 감정들을 탐색한다. 감정 차트는 혼란스러운 감정들을 식별하거나 어떻게 표현해야 할지 모르는 사람들에게 도움이 될 수 있다.
② 내담자와 함께 한 번에 한 가지 감정만을 느끼는 것이 왜 불가능한지에 대해 탐색한다. 또한 애도와 상실을 경험하는 동안에는 서로 다른 여러 가지 감정을 동시에 느끼는 것이 흔하고 정상적인 일임을 설명한다. 고인을 떠올릴 때 느껴지는 서로 다른 감정 네 가지를 말해 보도록 한다.

③ 내담자들에게 각자 종이 한 장씩을 주고 사각형으로 접도록
   한다. 종이를 반으로 접고 다시 반으로 접는다. 네 개의 사각
   형이 보이도록 종이를 다시 편다.
④ 각각의 네모칸에 내담자가 지금 느끼고 있는 감정을 나타내
   는 그림을 그리도록 한다. "내 기분이 어떤지 모르겠어요."라
   고 말한다면 그들의 느낌을 표현해 보도록 요청한다.
⑤ 내담자가 물감으로 그림을 그리는 것을 어려워한다면, 애도
   는 복잡한 과정이고 우리의 감정도 마찬가지이기 때문에 그
   것이 완벽하게 보이거나 느껴지지 않아도 된다고 격려하며
   진행한다.
⑥ 모든 가족 구성원이 그림을 완성하면 각각의 가족이 느끼고
   있는 감정과 이를 나타내는 서로 다른 그림들에 대해 이야기
   를 나눈다. 사람들마다 슬픔을 다르게 경험할 수 있고 고인에
   대해 느끼는 올바른 방식이란 없다는 것에 대해 명확하게 설
   명하는 것이 중요하다.
⑦ 그림이 다 마르면 조심스럽게 종이를 이어 붙여서 조각 이불
   을 만든다. 가족은 애도 과정 내내 이 작업을 계속할 수도 있
   다. 치유에 따라 감정이 변하는 것은 흔한 일이고 건강한 일
   이기 때문에, 애도 단계마다 느끼는 다양한 감정을 존중하고
   체크하는 수단으로 조각을 계속 이어 만드는 것이 도움이 된
   다. 완성된 조각 이불은 가족이 함께한 치유 여정을 나타내는
   아름다운 종결 선물로 집에 가져갈 수 있다.

나비 만들기

　사랑하는 사람이 죽는 것은 아동과 성인 모두에게 힘든 경험이다. 상실을 비통해하며 고인과 다시 연결되고 가까워지기를 갈망하는 것은 흔한 일이다. 하지만 사랑하는 사람을 향한 바람과 갈망이 일방적이기 때문에 애도와 상실이 고통스러운 것이며, 애착 요구는 바로 그 사람에 의해 충족되어야 한다. 이러한 정서적 경험에 대한 외부적인 은유를 만들어 봄으로써, 이 거대한 감정에 대한 단어를 찾기 시작할 수 있고 상실감을 이해하기 시작할 수 있다. 이 창의적 개입에서 부모와 아동은 상실감과 갈망을 상징하는 나비를 만든다. 나비는 오랫동안 애도 여행을 상징해 왔다. 어떤 사람들은 나비가 내세 혹은 사랑하는 사람의 전령을 나타내며, 고인이 그들의 일상 속에 계속 존재하고 있음을 상기시켜 준다고 믿는다. 어떤 사람들은 나비가 삶과 죽음의 영적 표상이라고 믿는다. 내담자들이 나비의 상징에 대한 특별한 믿음, 그리고 죽음과 죽어 가는 것 대한 개인적인 의미와 믿음을 공유하고 있는지 물어보는 것이 중요하다. 가족은 나비 위에 사랑하는 사람에게 보내는 메시지를 적은 후 나비가 이것을 사랑하는 사람에게 전달해 주는 메신저가 되는 상상을 할 수도 있다.

준비물
- 커피 필터
- 물이 든 분무기
- 수채 물감
- 붓

• 파이프 클리너[3]

방법

① 가족 구성원 각자에게 사용하지 않은 커피 필터를 나눠 준다. 커피 필터를 펼친 채 납작하게 눌러서 동그란 모양으로 만들게 한다.

② 고인을 그리워하는 것이 어떤 느낌인지 수채 물감을 사용하여 필터 위에 그려 보도록 한다. 내담자들이 고인에 대해 생각할 때 어떤 감정이나 생각이 드는지 서로 이야기할 수 있도록 충분한 시간을 준다.

③ 돌아가면서 필터가 축축해지도록 물을 뿌린다. 물감이 녹아내리는 것을 관찰한다. 나비가 어떻게 애도에 대한 은유로 사용되는지 설명해 준다. 치료사는 다음과 같이 이야기할 수 있다.

> 나비는 성장하는 데 오랜 시간이 걸립니다. 처음에는 좋은 먹이와 안전한 잠잘 곳을 찾아 하루하루를 힘들게 살아가야 하는 작은 애벌레로 시작합니다. 애벌레가 충분히 커지면 주위에 고치를 만듭니다. 고치는 성장하는 동안 자신을 보호하기 위한 것입니다. 때때로 슬픔은 우리를 둘러싸고 있는 고치처럼 느껴질 수 있습니다. 죽은 사람을 그리워하는 마음이나 슬픔과 상실의 감정이 얼마나 큰지 모두가 이해할 수 있는 것은 아닙니다. 여러분은 상처와 슬픔으로부터 스스로를 보호하기 위해 커다란 벽을 치고 싶을 수도 있습니다. 애도하는 동안 이런 일은

---

3) 역자 주: 철사를 꼬아 색색의 섬유로 감아 놓은 가늘고 긴 공예용 도구. 한글로는 '모루 철사'로 불림.

흔히 일어납니다. 일단 나비가 고치에서 나올 준비가 되면, 나비는 싸워야 하고, 자신이 쌓은 성벽을 벗어나기 위해 몸부림쳐야 합니다. 이것은 쉬운 과정이 아닙니다! 우리가 슬픔과 상실이라는 거대한 감정으로부터 헤쳐 나오는 것도 쉽지 않은 일입니다. 하지만 나비가 고치를 뚫고 나와 자유로워지면 날개를 펴고 날 수 있습니다! 어떤 사람들은 나비가 희망과 치유의 상징이라고 믿습니다. 다른 사람들은 나비가 이제는 고인이 된, 여러분이 정말로 그리워하고 사랑하는 사람의 전령이 될 수 있다고 믿습니다. 나비가 여러분에게 어떤 의미인지, 무엇을 나타내길 원하는지는 여러분이 결정할 수 있습니다. 그 의미를 어떻게 생각하는지에 옳고 그름은 없습니다. 어쩌면 아무 의미가 없을 수도 있습니다. 그래도 괜찮습니다. 나비처럼, 언젠가 여러분은 자유로워지고 크고 무거운 감정들을 붙잡지 않아도 될 것입니다. 이 상실감에서 계속 치유되면서 여러분의 마음은 여러분이 겪어 왔던 상처와 고통으로부터 자유로워질 수 있습니다.

④ 종이가 마르면 내담자들에게 종이를 다시 앞뒤로 접어서 부채 모양으로 만들도록 한다. 각 사람에게 파이프 클리너를 주고 반으로 접도록 한다. 필터의 가운데를 잡아서 파이프 클리너 주변으로 감싸고 남는 것은 그대로 두어서 안테나처럼 만든다.

⑤ 내담자가 원한다면 나비에 희망의 메시지를 적거나 사랑하는 사람에게 전하는 말을 적을 수도 있다. 치유될 수 있고 치유되고 있다는 것을 기억하기 위해 나비를 걸어 둔다.

제이미와 토드

제이미는 4세 소년으로, 최근 그의 일란성 쌍둥이 형제인 토드가 갑작스럽게 죽은 이후 놀이치료에 의뢰되었다. 제이미는 토드가 알 수 없는 병으로 한밤중에 갑자기 죽었을 때 함께 있었다. 형제의 거친 숨소리에 잠이 깬 제이미는 부모에게 도움을 요청했고, 그들이 졸음에 취해 방으로 들어왔을 때는 토드의 상태가 얼마나 심각한지 알지 못했다. 몇 분간 아이들을 진정시킨 후, 토드가 심각한 고통을 겪고 있다는 것이 분명해지자 부모는 응급 구조대를 불렀다. 토드에 대한 제이미의 마지막 기억은, 덩치 큰 남자들이 토드를 다른 침대에 밀어 넣고 데려가는 것이었다. 그 이후로 제이미는 동생을 다시 볼 수 없었다. 그의 부모는 제이미에게 토드가 죽었다는 말을 할 수 없었다. 그들은 자식을 잃은 고통을 견딜 수 없었고 남겨진 아이에게 죽음을 어떻게 설명해야 할지 몰랐다. 제이미는 형제와 떨어지게 된 응급 상황에서 바로 할머니에게 맡겨졌다. 그의 부모는 일주일 후에 돌아와서 토드가 죽었다고 말했다. 그들은 토드가 병원으로 옮겨진 후 더 이상 숨을 쉬지 못하게 될 때까지 숨을 쉬도록 해 주는 기계의 도움을 받았다고 설명해 주었다. 부모는 시신을 화장하기로 했고 장례 준비는 이미 끝난 후였다. 제이미는 장례식에 참석했지만 장례식이 진행되는 내내 통제할 수 없이 과도하게 흥분한 상태여서 할머니와 함께 일찍 집으로 돌아갔다.

초기 상담에서 제이미의 엄마는, 제이미가 예고 없이 쉽게 화를 내고 공격적인 행동을 보인다고 말했다. 폭발적으로 화를 내다가, 신경질적으로 울다가, 갑자기 웃는 등 하루 종일 극심한 감정의 기복을 나타내는 것이 흔한 일이었다. 또한 그녀는 제이미가 그들의 어린 딸에게 해를 가하지 않을까 걱정스러워했다. 그녀는 제이미가 상상 속의 친구 토드를 만들어서 하루 종일 그와 이야기하고 음식과 과자를 나누어 주다가 갑자기 화를 터뜨리기도 한다고 말했다. 밤이면 제이미는 침대 옆자리에 토드의 자리를 만들어 놓았다. 또한 그는 '진짜' 토드와 함께 했던 모험에 대해 부모에게 이야기하곤 했다. 제이미가 슬퍼하고 있다는 것을 이해함에도 불구하고, 살아 있는 아들이 죽은 아들과 소통한다는 것을 듣는 것이 부모들에게는 괴롭고 불편한 일이었다.

제이미의 연령상 아동 중심 놀이치료가 그의 외상적 슬픔을 다루기에 적절한 임상적 접근이었다. 제이미는 놀이실을 좋아했고 치료사와 금방 친해졌다. 그는 몹시 말이 많았고 영리해 보였다. 제이미는 군인 피규어를 가지고 병원 주제의 놀이를 시작했다. 얼마 지나지 않아 군인이 길을 막고 아기를 데려가며 "얘는 다시는 돌아오지 못할 거야!"라고 외치는 놀이 주제를 반복했다. 군인은 아기를 데려가지 못하게 보호하려는 사람들을 위협했다. 제이미는 아기를 숨기고 아기를 찾기 위해 도움이 필요한 것으로 서서히 게임을 바꿔 가기 시작했다. 그의 부모가 놀이치료 회기에 참석하기 시작했고, 이 새로운 게임에 대해 매우 수용적이었다. 제이미는 부모에게 높은 곳에 올라가서 지켜보라고 지시한 후 자신은 망원경을 가지고 바닥을 기어다니며 잃어버린 아기를 찾아다녔다. 마지막에는 "제군들, 최선을 다했지만 아기는 여전히 실종 상태다. 다음번에 돌아와서 다시 찾아보도록!"이라고 선언하였다. 그다음에도 제이미는 부모와 함께 놀이 주제를 계속했다. 부모는 "우리가 찾고 있는 사람을 발견하지 못하다니 너무 힘들구나."와 같이 반영적인 말을 사용하기 시작했고, 놀이치료 회기 후반부에는 신체적 접촉과 양육을 활용하기 시작했다. 제이미는 엄마의 무릎에 누운 채 아빠의 발 위에 자신의 발을 올려놓았다. 그들은 제이미를 안아 주고 머리를 빗겨 주며 정서적인 공동 조율의 경험을 아들에게 제공해 주었다.

몇 주 후, 놀이치료 회기 중간에 제이미는 부모에게 아기를 놓아둔 곳을 들여다보라고 지시했다. 그는 생동감 넘치게 소리쳤다, "아기를 찾았다! 아기를 찾았다!" 그러고 나서 다 같이 승리를 축하했다. 제이

미는 장난감 음식과 접시를 가져와 만찬을 준비했다. 그는 모두에게
'멋지게' 입으라고 말했다. 그들이 식사하는 동안 제이미는 미소 지으
며 "토드도 여기 있었으면 좋겠다."라고 말하고 조용히 울기 시작했다.
부모는 제이미를 안아 흔들어 주었고, 눈물이 흐르도록 내버려 둔 채
그의 슬픔과 상실의 감정을 확인해 주었다. 제이미는 부모에게 토드가
그리운지 물었고, 형제와 아들을 그리워하는 슬픔뿐만 아니라 그의 죽
음으로 인한 모든 변화를 함께 나눌 수 있는지 물었다. 시간이 흐른 후,
제이미와 그의 부모는 그들의 관계 안에 있는 애착의 상처를 회복할 수
있었고, 신뢰와 안정감을 다시 세울 수 있었다. 제이미와 그의 부모가
건강하고 감정적으로 연결된 방식으로 함께 슬퍼할 수 있었기 때문에
이 회기 이후로 아기를 찾아 헤매는 제이미의 놀이 주제는 바뀌었다.
몇 달 안에 외상의 징후들은 사라졌고, 제이미의 치료는 성공적으로 종
결되었다.

레베카와 에드거

레베카와 에드거는 초등학교 학생으로 최근에 자동차 사고로 아버
지를 잃은 후 놀이치료에 의뢰되었다. 그는 자녀들과 함께 익스트림 스
포츠를 관람하던 중 비극적인 사고로 목숨을 잃었고, 레베카와 에드거
는 사고를 목격했다. 어머니는 두 자녀가 이 비극적인 경험을 서로 다
른 방식으로 처리하고 있다고 말했다. 레베카는 매우 내성적으로 변했
고, 엄마와 오빠 이외의 다른 사람에게는 거의 말을 하지 않았으며, 예
전에는 늘 가깝게 지냈던 친구들과 가까운 친척들로부터 멀어졌다. 그
녀는 거의 울지 않았고 감정을 드러내지 않았지만 일단 시작되면 주체
할 수 없이 눈물을 흘렸다. 에드거는 사고 이후 노는 동안 매우 공격적
으로 장난감을 반복해서 내리치곤 한다고 엄마는 말했다. 에드거는 최
근에 레베카와 엄마에게 신체적인 공격성을 나타내기 시작했을 뿐 아
니라 그를 방해하는 사람에게는 누구든 소리지르며 때렸다. 이러한 경

험은 공격을 당하는 동생과 엄마 모두에게 매우 위협적인 일이었는데, 그들의 아버지가 심각한 가정 폭력을 행사했기 때문이다. 이들은 최근 사고 전까지 별거 중이었으며, 아이들의 어머니는 절망과 슬픔에서부터 안도감과 해방감에 이르기까지 감정의 폭이 매우 컸다고 보고했고, 이로 인해 그녀가 느끼는 수치심도 매우 높았다.

아이들과 아이들의 어머니에게 유연한 치료적 접근이 좋을 것 같다는 결정이 내려졌다. 아이들의 어머니는 남편과의 관계에서 경험해 왔던 외상뿐 아니라 그녀 자신의 애도와 상실의 여정을 다루기 위해 개인 상담에 의뢰되었다. 아이들에게는 아버지의 죽음을 목격했던 외상 경험을 다루기 위해 개별과 짝 치료를 번갈아 가며 아동 중심 놀이치료를 제공하였다. 어머니가 일주일에 한 번 회기를 가질 만큼 정서적으로 준비가 될 때까지 가족은 한 달에 한 번 가족 놀이치료 회기를 가졌다.

오래지 않아 가족은 주로 가족 놀이치료에 초점을 맞춘 치료로 옮겨 갈 수 있었고, 함께 슬픔을 다룰 수 있게 되었다. 한 놀이치료 회기에서, 치료사는 커다란 냄비와 긴 나무 숟가락, 그리고 장난감 야채와 과일들을 가져왔다. 치료사는 어머니에게 아이들과 함께 『Tear Soup』를 읽어 달라고 요청했다. 그 책을 읽으면서 그들은 눈물 수프 만드는 법을 배울 수 있었다. 치료사는 때때로 책 읽기를 중단하게 하고 어떻게 눈물 수프를 만드는지, 그리고 필요한 재료—행복한 기억, 슬픈 기억, 무서운 기억, 웃긴 기억 그리고 그들이 별로 생각해 보고 싶지 않은 기억—들을 어떻게 구할지에 대해 탐색했다. 엄마와 아이들은 번갈아 가며 한 번에 한 가지 재료씩 냄비에 넣고, 아버지에 대한 기억, 아버지가 죽기 전의 삶, 아버지의 죽음에 대처하는 법을 배우면서 지금 현재 살고 있는 삶 등에 대해 이야기를 나누며 적당하다고 생각될 때까지 저어 주었다. 회기 마지막에 치료사는 가족에게 일주일 동안 서로 친밀감을 느낄 수 있는 즐거운 활동을 함께 할 것을 권유했다. 이것은 아이들에게 이별 의식의 시작이 되었다.

다음 만남에서 에드거와 레베카는 "우리가 진짜 수프를 만들었어요! 정말 맛있었어요! 심지어 진짜 우리 눈물도 넣었어요!"라고 외치며 놀이방으로 뛰어들어 왔다. 그들은 회기에서 놀이용 수프를 만든 후에 집에 가서 진짜 수프를 만들면 재미있겠다고 생각했다고 설명했다. 엄마는 야채를 자르고, 서로 다른 소스와 양념들을 사용하는 법을 알려줬고, 그것들을 냄비에 넣고 나무 스푼으로 저으며 끓이는 동안 가족은 아버지에 대해, 그들이 그리워하거나 그리워하지 않는 아버지의 서로 다른 면에 대해 이야기하였다. 어머니는 과격한 행동 없이 아이들과 함께 아버지에 대한 대화를 나눈 것은 이번이 처음이었다고 말했다.

매주 금요일마다 가족이 함께 스프를 만드는 전통이 시작되었고, 이것은 그들의 치유와 연결에 필수적인 부분이 되었다. 회기 내에서 아이들과 어머니는 아버지의 서로 다른 부분을 통합하기 시작했고, 그들의 감정을 이해하기 시작했다. 놀이치료에서 아이들은 안전한 공간 안에서 모든 걱정과 믿음, 공포를 표출할 수 있었다. 시간이 흐르면서 어머니는 자신을 권위 있고 능력 있는 사람으로 보게 되었고, 내적인 자신감이 생기면서 양육에 대한 자신감도 높아졌다. 또한 경계를 설정하고 유지하는 능력, 명확한 기대를 설정하는 능력을 갖게 되면서 아이들의 곁에서 정서적으로 함께할 수 있게 되었다. 아이들도 어머니가 자신들을 정서적으로, 물리적으로 보호해 준다는 확신을 가질 수 있게 되었다. 그들의 애착이 견고해지면서 부적응적인 대처 전략들은 사라졌다. 치료가 종결을 향해 갈 때 레베카는 말했다. "나는 이제 행복하기 때문에 새 사람이 된 것 같아요, 하지만 내 마음속에는 여전히 슬픈 부분도 남아 있어요. 가끔 내 마음속에 돌이 박혀있는 것 같아요, 하지만 그렇게 큰 돌은 아니고 조약돌 같은 거예요. 그리고 항상 느끼는건 아니지만…… 때때로 아빠를 생각하면 마음이 아파요."

가족의 통합

아동의 애도를 다룰 때는 부모를 치료 과정에 함께 참여시키고 부모와 자녀 간 애착을 극대화하는 것이 중요하다. 애착의 상처를 치유하고 가족 시스템 안에 신뢰와 안전을 복구하는 것을 통해서만이 아동은 진정으로 슬픔을 치유하고 헤쳐 나갈 수 있다. 부모는 아동이 느끼는 고통의 깊이를 이해하지 못하거나 아동이 겪어 온 상처의 수준을 알아차리지 못할 수 있는데, 이것은 부분적으로는 부모 자신의 외상, 슬픔 그리고 상실의 감정에 기인한 것일 수 있다 (Dickens, 2014). 그들은 자신이 경험하고 있는 정서를 더 힘들게 만들까 봐 두려워서 고인에 대해 이야기하고 싶어 하지 않을 수 있다. 하지만 '빈 방에 살고 있는 유령'에 대해 말하지 않는 것은 가족을 슬픔에 가두고 고통에 마비되게 만들 수 있다. 이것은 가족을 정서적 고통 속에 가두어 두고 그들로 하여금 앞으로 나아가지 못하게 하며, 새로운 추억과 관계를 만들지 못하게 하고, 자신의 이야기에 어울리는 단어를 찾아내지 못하게 한다. 부모와 자녀는 서로 맞물려 움직이기 때문에, 안전과 애착을 강화하는 것이 치료에 중요한 요소임은 분명하다.

주요 애착 대상, 양육자, 형제자매의 상실, 외상적 사건 등을 통해 죽음이 가족 시스템 내에 애착 붕괴를 초래했을 때, 살아남은 가족 구성원들이 함께 그들의 치유에 있어서 중요한 연결점을 찾아내는 것이 중요하다. 고인과의 관계 내에서 학대가 발생한 경우에는 미해결된 애도를 초래할 수 있지만, 그렇다 하더라도 남은 가족에게는 반드시 충족되어야 할 애착 요구가 그대로 존재한다. 고인에 대한 치유, 애착 유대를 복구하고 강화하는 것, 아동에게 안정과 안전을 경험하게 하는 것, 상처를 보듬는 것과 같이 '끝내지 못한 일'이 남아 있겠지만, 아동은 가족 시스템의 변화에 점점 더 성공적으로 적응해 나갈 수 있다. 아동이 이러한 지원을 경험하게 되면서 아동과 그 가족은 슬픔뿐 아니라 그들이 경험한 트라우마를 극복하는 데 필요한 내적 자원을 발견하게 된다.

정리

슬픔과 애도는 개인적 방식은 물론 대인관계적 방식으로 일어나는 지속적인 변화와 재구성 및 통합의 과정이다. 가족 시스템 내에서 애착 유대를 회복하는 것이 치유의 중요한 측면이며, 손상된 관계를 재건하고 가족 내에 정서적 안전감을 만드는 것이 중요한 치료적 요소가 된다. 아동의 치료에 가족을 참여시키는 것은 건강한 애도에 필요한 치유와 성장을 촉진할 수 있다. 서로를 멀리하고 고립되는 대신에 가족과 슬픔을 함께 나누도록 요청하는 것 또한 가족의 기초를 단단하게 하고 연결, 신뢰 그리고 친밀감의 기회를 갖도록 만들어 줄 수 있다. 애도 과정을 거치는 동안 자신의 경험을 말로 적절하게 표현할 수 없을 때, 놀이치료는 아동과 부모에게 그들을 표현하는 수단이 되어 준다.

참고문헌

Dickens, N. (2014). Prevalence of complicated grief and posttraumatic stress disorder in children and adolescents following sibling death. *The Family Journal: Counseling and Therapy for Couples and Families, 22*(1), 119-126.

Field, N. P. (2006). Unresolved grief and continuing bonds: An attachment perspective. *Death Studies, 30*(8), 739-756. Doi: 10.1080/07481180600850518

Mancini, A. D., & Bonanno, G. A. (2013). The persistence of attachment: Complicated grief, threat, and reaction times to the deceased name. *Journal of Affective Disorder, 139*, 256-263.

Mellenthin, C. (2014). *My many colors of me workbook.* Salt Lake City, UT: Amazon Publishing.

Noppe, I. C. (2000). Beyond broken bonds and broken hearts: The bonding of theories of attachment and grief. *Developmental Review, 20*, 514-538. Doi: 10.1006/drev.2000.0510

Smith, I. (1991). Preschool children "play" out their grief. *Death Studies, 15*(2), 169-176. Doi: 10.1080/07481189108252421

Stutely, D. M., Helm, H. M., LoSasso, H., & Kreider, H. D. (2016). Play therapy and photo-elicitation: A narrative examination of children's grief. *International Journal of Play Therapy, 25*(3), 154-165.

제**7**장

가족의 분리와 애착

들어가기

만나고 헤어지는 것은 인간관계의 자연스러운 부분이다. 우리는 매일, 하루에도 몇 번씩, 서로 만나고 헤어지며 인사한다. 또한 우리는 사랑하는 사람과 떨어져 있는 동안 느끼는 괴로움에 대처하기 위해 나름의 의식을 만들어 내기도 한다. 가족 공동체는 시간의 흐름에 따라 자연스럽게 가족의 구조나 체계가 변하게 된다. 아이들은 자라서 성인이 되고 가족과 함께 살던 집을 떠난다. 부모는 종종 별거하거나 이혼하기도 한다. 이러한 상황에서 부모는 정기적으로 자녀를 방문하지 못하거나 가족 관계에서 벗어날 수도 있다. 부모가 직업상 장기간 다른 곳에 배치되거나 출장이 잦을 수도 있다. 양육자가 자녀와 배우자를 남겨 두고 더 나은 기회를 위해 혹은 가족의 부양을 위해 혼자 이주할 수도 있다. 감금되거나 추방되는 부모도 있다.

이러한 다양한 분리는 가족의 구조, 역할, 관계 그리고 일상을 변화시킨다. 앞 장에서 다뤘듯이, 부모와 자녀 간의 애착 관계는 그들이 서로 분리된 채 고통스러운 감정들을 헤쳐 나가야 할 때 더욱 분명해진다. 이러한 다양한 상황과 사건이 아이들과 가족에게 끼치는 해로운 영향은 쉽게 그들의 삶에 흔적을 남긴다. 이 장에서는 분리의 다양한 유형을 간단히 살펴보고 보다 일반적인 애착 관련 용어들에 대해 설명할 것이다.

문헌 고찰

연구자들은 부모와의 갑작스럽고 긴 분리가 아동에게 미치는 정서적·신경생물학적·생리학적 영향에 대해 수십 년간 연구해 왔다. 이러한 연구의 시작은 존 볼비(John Bowlby)가 처음으로 병원과 시설에 있는 아동들을 관찰하고 치료하기 시작했던 1930~1940년대로 거슬러 올라간다. 당시에는 자녀가 치료를 받는 동안 부모는 병동에 출입하지 못하게 하거나 매우 짧은 방문만 허용하는 것이 관례였다. 오랜 기간 동안 그들의 주요 애착 대상과 떨어져 있으면서 아동들은 거부, 절망 그리고 체념의 애착 추구 행동 단계를 거쳤다. 처음에 아동은 분노하고, 소리 지르며, 통제가 어려울 정도로 울어댄다. 이어서 절망의 단계가 되면, 아동은 잠자리에서 혼자 울거나 조용하고 무기력해진다. 마지막에는, 사랑하는 사람이 돌아와서 자기를 위로해 주지 않는다는 것을 받아들이는 체념과 위축의 단계로 접어든다. 가족이 다시 만났을 때, 많은 부모는 그들의 자녀가 강한 정서를 드러내고, 혼자 있는 것을 무서워하며, 잠을 잘 자지 못하고, 공포 반응이 높아졌다고 보고하였다(Bowlby, 1978).

에인스워스(Ainsworth)의 낯선 상황 연구에서 관찰된 바와 같이, 외상 경험 중에 발생한 분리나 자녀와 부모 간 애착이 약해진 상태에서 발생하는 분리는 단기적이든 장기적이든 아동에게 매우 해로울 수 있다(Ainsworth et al., 1978; Bryant et al., 2017). 외상 혹은 스트레스 사건 동안 아동은 그들을 진정시켜 주고 위로해 주며, 그들이 혼자가 아니라는 것을 확신시켜 줄 애착 대상과 가까이 있고자 한다. 계획되지 않거나 갑작스러운 분리로 인해 부모 혹은 애착 대상과 가까이할 수 없을 때 아동이 경험하는 고통은 복합적일 수 있으며, 이것은 그들이 경험을 처리하고 정서적으로 고통을 관리하는 능력에 많은 영향을 미칠 것이다. 이러한 아동들의 장기적 결과는 매우 취약한데, 여기에는 비조직 애착 관계의 발전, 빈약한 사회적·정서적 조절 능력, (PTSD를 포함한) 정신장애 발현의 위험, 적응의 어려움 등이 포함된다(Gallagher et al., 2016).

최근까지 연구들은 부모와 장기간 분리된 이후 아동의 행동과 인지적 표상에서의 구체적인 변화를 상봉 시 부모를 알아보지 못함, 공포, 불안, 집착, 불신, 비조직적 행동 등으로 보고하고 있다 (Allen, Cisnerous, & Tellez, 2013; Barker & Berry, 2009; Dreby, 2015; Gallagher et al., 2016). 이것은 분리 후 재결합 기간 동안의 양육 및 유대감 형성에 중요한 걸림돌이 될 수 있다. 더 나아가 재결합 시 자녀가 부모를 거부한다고 느낄 수도 있는데, 부모가 즐거운 상봉에 대한 환상과 함께 사랑하는 자녀와의 만남에 기대를 가지고 있었다면 이것은 부모에게 더 큰 애착 상처를 줄 수 있다. 슬프게도,

이러한 어긋난 기대와 실망감은 부모로 하여금 깊은 상처와 혼란을 느끼게 하고 자녀를 거부하는 행동을 초래할 수 있다.

파병이나 출장과 같이 분리가 예정된 가족은 분리 동안 자녀의 돌봄 계획을 포함하여 작별 의식 개발, 재결합 계획 등과 같은 정서적 지원 방안을 마련하는 시간을 가질 수 있다. 이것이 분리의 영향을 없앨 수는 없지만, 가족은 그들이 다시 만날 것이고 슬픔이 영원히 지속되지는 않는다는 것을 알고 희망을 가질 수 있다. 더불어, 서로 떨어져 있는 동안 Skype, Google Hangouts과 같은 장비를 활용할 수 있는 가정은 단절감과 고립감을 크게 줄일 수 있다. 기술을 이용하여 조율의 순간을 경험할 수 있다면 분리 기간 동안 제한적일 수 있는 애착 유대를 강화하는 데 도움이 된다.

현재 미국에는 140만 명의 군인 자녀가 있으며, 이 중 40만 명이 현역 군인의 어린 자녀들이다(Baker & Baker, 2009; Creech et al., 2014). 반복적인 파병이 가족의 삶에 미치는 영향에 대한 지난 십 년간의 연구 결과는, 파병이 부모 그리고/또는 아동의 양육자에게 그리고 아동의 신경생물학적 발달에 매우 파괴적이고 고통스러운 일임을 보여 주고 있다. 결혼 생활 및 양육 스트레스가 증가하면서 아동은 단절감, 외상, 불안을 느낄 위험이 커진다. 어린아이들은 파병된 부모가 어디 있는지, 언제 집에 올 것인지, 살아 있는지 또는 죽었는지 반복해서 물어보는 것이 일반적이다. 이것이 어린 아동의 정상적인 행동임에도 불구하고, 혼자 집에 남아 자녀가 느끼는 것과 비슷한 두려움과 걱정을 경험하면서 동시에 혼자 양육하는 것과 버림받은 감정 사이의 균형을 유지해야 하는 남겨진 부모에게는 큰 스트레스가 될 수 있다. 가족은 파병된 부모에 대해 말하는 것을 거부하거나 감정에 무감각해지는 형태의 부적응적 정서 대처 전략을 만들어 낼 수 있다. 연구 결과, 파병된 부모의 자녀들은 외현적이고 내면화된 행동 문제를 나타낼 뿐 아니라 병원을 자주 방문하고 학대를 더 많이 경험하는 것으로 보고되었다(Creech et al., 2014).

실전 배치 경험이 있거나 현역 군인인 가족과 함께 작업할 때는 실제 별거 기간 동안은 물론 별거 전의 두려움과 고민을 털어놓을 수 있도록 돕는 것이 중요하다. 파병이 아이들과 파트너들에게 미치는 영향에 대해 부모에게 심리교육을 제공하는 것 또한 유익하다. 파병 간 부모가 의사소통 및 안전에 대한 확신의 중요성을 이해하도록 돕는 것 또한 가족과 떨어져 지내면서 경험할 스트레스와 소외감을 줄여 준다. 부모가 돌아오는 날짜를 세어 볼 수 있는 달력을 만드는 것은 아동이 부모의 부재를 이해하는 데 도움을 줄 수 있을 뿐만 아니라 분리가 영구적이지 않다는 것을 기억하는 데 가시적인 도움을 줄 수 있다. 'A Kiss A Day' 같은 이별 의식을 활용할 수도 있다. 이 의식에서 아동은 허쉬 키세스 초콜릿이 가득 담긴 큰 통을 받게 되는데, 멀리 떠나게 되는 부모가 매일 아동에게 초콜릿 한 개씩을 주고 함께 먹으며 즐거운 기억들을 떠올린다.

파병으로 인한 분리는 가족에게 큰 영향을 미치지만 재결합과 회복은 가능하다(바라건대, 그럴 가능성이 매우 높다). 분리 기간 동안 가족은 학교, 교회 혹은 다른 지역 공동체가 제공하는 서비스를 포함하여 더 많은 지원이 필요할 수 있다. 놀랍게도, 군인 가족이 집에 돌아오는 것을 계기로 가족이 괴로움과 불안을 느끼는 경우도 종종 있다. 가족을 위한 무료 지원 서비스인 www.operationwearehere.com[1]

---

1) 역자 주: 미국 내 현역 및 퇴역 군인 가족 지원을 위한 웹사이트.

은 파병 및 파병 이후 지역사회와 군사 리소스에 대한 정보를 찾는데 도움이 된다.

관계 회복과 재결합이 불가능한 형태의 영구적인 분리도 있다. 이는 부모가 투옥되거나 추방되거나, 해결되지 않은/치료받지 않은 정신 질환, 노숙 그리고/또는 약물 남용과 같은 이유로 아이를 버리기로 선택한 경우에 발생할 수 있다. 학대나 방치로 인해 가정과 애착 대상으로부터 버려진 아동도 애착 훼손을 경험한다(제8장과 제9장 참조). 슬픔, 분노, 혼란은 훼손된 애착과 관계 상실에 대한 보편적이고 자연스러운 반응이다.

2016년 현재, 미국에 살고 있는 900만 명 이상의 아이들이 법적으로 등록되지 않은 한 명 이상의 부모를 두고 있다. 이 아이들의 절반은 미국 시민이다. 이 아이들 중 10만 명 이상이 강제 추방된 부모로부터 떨어져 있는 것으로 추정된다(Allen et al., 2013). 유색인종 사회는 나머지 인구보다 훨씬 더 높은 비율로 추방의 영향을 받으며, 특히 히스패닉계는 다른 소수 집단보다 더 높은 비율로 영향을 받는다. 2018년 현재, 추방으로 인해 부모 없이 남겨진 자녀 수에 대한 정확한 통계 수치는 아직 알 수 없지만, 지난 1년 동안 미국에서 이민법이 크게 바뀌었기 때문에 그 수는 훨씬 더 많을 것으로 추정된다.

아동이 강제 추방으로 부모를 잃었을 때 가족은 완전히 붕괴될 뿐만 아니라 그들에 대한 사회적 지원도 급격하게 변한다. 많은 경우 이민 당국이 그들의 집을 찾아가 남겨진 가족을 훨씬 더 고립시키는 것을 두려워하기 때문에 친구들과 가족으로부터 멀어지려 할 수 있다. 많은 가정은 경제적 지위 하락, 남아 있는 부모의 근무 시간 증가, 버림받거나 빼앗기는 것에 대한 두려움 고조를 포함하여 그들의 일상생활에 급격한 변화를 경험한다(Dreby, 2015). 많은 아동이 야간 공포, 분리 불안, 외상후 스트레스 장애, 정서적 고통, 원망 그리고 두려움을 경험한다.

추방 후에 연결을 다시 회복하는 것은 그들의 국적과 의사소통 능력에 따라 매우 어려울 수 있다. 많은 추방자는 가족을 지키지 못했다고 믿으며 높은 수치심을 경험한다. 이것은 그들을 가족 간 소통과 관계에서 멀어지게 하고 부모-자녀 관계에서 애착의 상처를 더욱 깊게 할 수 있다. 추방을 경험하는 일부 가족은 작별 인사를 하고, 가족과 시간을 보내며 방문 계획을 세울 시간이 있다. 하지만 어떤 추방은 예고 없이 갑작스럽게 일어난다. 최근 들어 자녀 앞에서 부모가 이민국에 의해 구금되고, 체포되고, 끌려가는 많은 사건이 있었다. 이러한 충격적인 사건은 아동의 가족 체계와 부양 체계에 더욱 부담을 준다.

미국의 아동 14명 중 1명은 현재 수감 중인 부모를 두고 있다(Brown & Gibbons, 2018). 투옥은 여러 가지 방법으로 가족 간의 애착 유대에 영향을 미친다. 두 부모 가정에서 한 부모가 투옥되면 가족의 재정과 경제적 지위는 심각한 영향을 받는다. 이것은 특히 아버지가 주된 수입원이었다가 투옥되었을 때 그렇다. 아이들은 환경, 공동체 그리고 사회적 지지의 변화에 대한 스트레스와 함께 부모와의 분리로 인한 깊은 슬픔과 상실을 경험할 수 있기 때문에 더 많은 혼란이 야기된다. 많은 가족은 가족 구성원이 투옥될 때 높은 수치심을 경험하며 이것은 또 다른 고립감을 증가시킨다.

부모가 투옥되면 가족 구조가 급격히 변한다. 많은 가정에서 아이들은 부모를 잃는 동시에 가족 부양책을 잃을 수도 있다. 연구에 따르면 엄마가 투옥되었을 때 1/3 미만의 아이들만이 분리 기간 동안 아빠의 보살핌을 받는다(Gilham, 2012). 많은 아이는 결국 양부모나 확장된 가족 구성원과 함께 살게 되는데, 이것은 특히 오랜 별거로 인해 부모를 기억하지 못하는 매우 어린 아동들의 애착 유대에 더 심각한 영향을 미칠 수 있다(Gilham, 2012). 형제자매는 가족을 돌보기 위해 흩어지거나 위탁 양육 시스템에 들어가면서 별거하게 될 수 있다.

판결 조건과 체포에 관한 사법 제도 내에서 역사적으로 높은 인종적 불균형이 있었기 때문에 유색인종 가정은 부모의 투옥에 상당한 영향을 받는다. 소수 민족 시민이 체포되어 징역형을 선고받고, 더 긴 형량을 선고받는 불균형은 여전히 존재한다. 현재 미국에서는 흑인 아동의 11.5%, 히스패닉 아동의 6.4%, 가난한 아동의 12.5%, 시골 아동의 10.7%가 투옥된 부모를 두고 있다(Brown & Gibbons, 2018).

부모가 투옥된 아이들 중 다수는 부모와의 관계에서 높은 수준의 양면성을 경험한다. 연구자들은 이것을 애매한 상실(ambiguous loss)이라고 묘사했는데, 이는 사랑하는 사람의 귀환에 대한 불확실성뿐만 아니라 삶이 '정상'으로 돌아갈 수 있을지에 대한 불확실성으로 인해 상실 상황이 지속되는 것을 말한다. 애매한 상실은 애착 대상이 살아 있지만 육체적으로나 정서적으로 가용하지 않다는 점에서 죽음과 같은 전통적인 슬픔이나 상실과는 다르다. 이것은 아동의 정신 건강과 복지에 심각한 문제가 될 수 있는데, 그들은 부모를 사랑하고 그리워하지만 상실감은 해결될 수 없으며, 언제 다시 부모와 함께 살게 될지 알 수 없기 때문이다.

개입

애착 대상과의 분리를 경험한 많은 아동에게는 이별을 계획할 수 있는 시간이나 접근권이 없다. 이들은 높은 수준의 분노, 충격, 두려움, 슬픔, 걱정, 포기 그리고 적의를 경험하고 있을지도 모른다. 놀이치료는 아동이 내면의 감정, 두려움 그리고 자신과 가족이 직면하고 있는 어려움을 탐색할 수 있게 해 줄 뿐만 아니라, 세상에서 일어나는 복잡한 변화들을 헤쳐 나갈 수 있도록 도와준다. 주류 문화권 이외의 아동과 작업할 때에 놀이치료사는 다민족 인형, 음식, 옷차림을 포함하여 문화적으로 세심하게 신경 쓴 다양한 장난감을 갖추는 것이 중요하다. 아이들은 분리에 따른 고통과 두려움을 적절한 단어로 표현하기 어려워할 수 있다. 케이지나 감옥, 수갑, 집, 경찰 및 구조대 차량, 다양한 권위자 복장, 아기 인형, 총, 장난감 전화기 그리고 울타리와 같은 장난감은 장기간 분리를 경험하고 그로 인해 훼손된 애착 상처가 있는 아동들에게 특히 유용할 수 있다. 다음의 개입법은 가족 및 부모-자녀 치료에 맞춰져 있지만 개별 놀이치료에 사용하기에도 적합하다. 제6장, 제8장, 제9장에서 소개하는 개입 방법들은 사랑하는 사람들과 떨어져 있는 많은 아동이 경험하는 슬픔, 상실 그리고 트라우마를 다루기에 적절하다.

우편함 만들기

아동이 사랑하는 사람들과의 이별을 경험할 때에는 추억하고 소

통할 수 있게 하는 것이 이별의 고통을 관리하는 데 중요한 부분이
다. 이 놀이치료 활동은 나와 함께 작업했던 어린 내담자가 만들어
냈다. 그녀는 놀이치료실에서 기다리고 있는 부모(거대한 테디 베
어 인형)에게 우편물을 배달하는 배달부인 척했다. 그녀는 너무 어
려서 투옥된 부모를 방문할 수 없었기 때문에 대신 편지를 계속 만
들곤 했다. 비록 감옥에 가서 만날 수는 없지만, 자신의 삶을 부모
와 공유하는 것은 그녀에게 중요했다. 그녀는 편지를 쓰거나 여러
가지 활동을 하고 있는 자기 자신을 그리곤 했다. 그녀는 부모님과
떨어져 있는 동안 가족을 잊지 않기 위해 자화상과 가족 초상화를
그렸다. 그리고 우리는 우편 배달부가 배달해 줄 그녀의 특별한 작
품들을 안전하게 보관할 수 있도록 우편함을 놀이치료실에 만들었
다. 분리 기간 내내 이것은 그녀의 인생을 기록하는 책이 되었다.

　우편함을 만든 후 아동 중심 놀이치료에 참여하는 것은 아동이
슬픔, 상실, 분노 그리고 혼란의 감정을 처리하도록 도울 수 있고,
부모가 그들의 삶에 함께하지 못하는 것이 어떤 의미인지 다루는 데
도움이 된다. 그들은 이러한 감정들을 풀어내고 관련된 다양한 역
할(우편 배달부, 경찰, 판사 등)을 수행해 볼 필요가 있을 뿐만 아니라,
분리로 인해 그들의 부모가 현재 어디에 있는지 이해할 수 있다.

준비물
- 큰 신발 상자
- 풀
- 가위
- 색도화지
- 오래된 잡지

• 스티커 혹은 꾸밀 것들

방법
① 아동에게 우편함에 사용할 색도화지 색상을 선택하도록 한다. 색지를 상자 전체에 풀로 붙인다.
② 아동은 우편함을 장식하기 위해 잡지에서 이미지나 단어를 오려 낼 수 있다. 스티커나 깃털, 튀어나온 눈, 털실 막대기, 우표와 같은 다른 공예품들을 사용할 수도 있다.
③ 놀이치료 시간동안(혹은 일주일 내내) 아동에게 그들의 지난 한 주간 기분이 어땠는지 보여 주거나 혹은 부모님(혹은 별거 중인 누구든)을 위해 만들고 싶은 것을 그림으로 그리도록 한다. 나이 든 아동은 부모님께 배달할 편지를 쓸 수도 있다.
④ 아동은 이것을 접어서 봉투에 넣어 배달하거나 자신이 만든 우편함에 넣을 수 있다.

손바닥 뽀뽀

분리가 가정사의 계획된 부분(출장이나 파병)이거나 주말 휴가와 같은 단기 분리일 때, 또는 자녀가 분리 불안을 경험할 때 사용할 수 있는 작별 의식을 개발하는 것은 부모와 자녀 모두에게 분리로 인한 고통을 완화시키는 데 도움이 될 수 있다. 오드리 펜(Audrey Penn)과 루스 하퍼(Ruth Harper)의 『엄마의 손뽀뽀(The Kissing Hand)』, 줄리아 인서로(Julia Inserro)의 『Nonni's Moon』, 헤더 워드(Heather Ward)와 실라 맥그로(Sheila McGraw)의 『약속할게, 꼭 너를 찾을거야(I Promise I'll Find You)』와 같은 책을 함께 읽는 것이 아동으로 하여금 헤어짐을 준비하고, 비록 떨어져 있지만 그렇다고 해서 사랑이 끝나거나 잊힌다는 의미는 아니라는 것을 이해하도록 도울 수 있다.

준비물
- 오드리 펜과 루스 하퍼의 『엄마의 손뽀뽀(The Kissing Hand)』
- 핑거 페인트
- 흰 종이

방법
① 자녀와 부모(가능한 경우) 또는 형제(가능한 경우)를 초대하여 가까이 앉는다. 가능하다면 부모에게 『엄마의 손뽀뽀(The Kissing Hand)』를 큰 소리로 읽어 달라고 요청하거나 치료사가 이야기를 읽어 줄 수도 있다. 책 읽는 동안 아동의 양육 경험을 극대화하기 위해 부드러운 담요나 베개가 필요할 수도 있다.

② 라쿤이 엄마에게 작별 인사를 했을 때 어떤 느낌이었을지 살펴본다. 라쿤은 어떤 감정을 느꼈을까? 아동에게 그들이 떨어져 있을 때에도 엄마가 그를 사랑한다는 것을 라쿤이 어떻게 알았는지 말해 보도록 요청한다. 엄마가 라쿤의 손에 무엇을 했지?

③ 내담자들을 초대하여 핑거 페인트로 서로의 손바닥에 하트를 그리도록 한다. 아이들이 하트를 그리는 동안 부모가 아이들에게 "사랑해."라고 말해 주도록 한다.

④ 둘 다 손바닥에 하트를 그렸다면, 하트가 함께 섞이도록 서로

손을 맞대라고 지시한다. 그들은 두 손이 '뽀뽀'하면서 만들어 낸 새로운 색을 보고 싶어 할지도 모른다. 만약 원한다면 손바닥을 종이 위에 부드럽게 찍어서 손자국을 만들 수 있다. 치료사는 애착이 어떻게 작용하는지, 그것이 무엇을 의미하는지, 그리고 왜 우리가 누군가를 사랑하고 그들에게 애착을 가졌을 때 비록 멀리 떨어져 있을지라도 서로 연결되어 있는지를 설명할 수 있다. 라쿤이 엄마와 떨어져 있는 시간 내내 엄마의 뽀뽀를 간직할 수 있는 것처럼, 우리는 서로의 사랑과 기억을 가슴에 간직할 수 있다.

⑤ 원한다면 내담자들은 핑거 페인트를 사용하여 서로의 손바닥에 더 많은 하트를 만들고 종이에 손자국을 만들 수 있다. 핑거 페인트를 사용한 이 감각적인 놀이치료 시간 동안 내담자들에게 좀 지저분해지더라도 창의적인 작업을 지속하도록 격려한다.

⑥ 회기의 마지막에는 부모와 아동이 사용할 수 있는 그들만의 특별한 작별 의식을 생각해 보는 시간을 갖는다. 이것은 포옹, 악수, 춤, 또는 이 모든 것의 조합이 될 수 있다. 아동에게 무엇이 가장 맘에 드는지 결정하도록 하고 아동이 이 활동을 이끌도록 하는 것이 중요하다.

히로는 아버지의 파병 이후 최근에 놀이치료에 의뢰된 7세 소년이다. 히로의 짧은 일생에서 이번이 아버지의 8번째 파병이었다. 히로의 어머니는, 가장 최근의 파병으로 남편이 떠난 이후 히로의 분노와 공격적 행동이 증가했고, 잠들기 힘들어하며, 자기 침대에서 자기를 거부하고, 과도하게 짜증을 낸다고 말했다. 전투 부대와 함께 다시 파병되기 전까지 아버지가 집에 머문 시간은 겨우 몇 달간이었다. 그의 어머니는 통제하기 어려운 히로의 행동 문제로 인해 양육에 압도되어 있고, 외로움과 고립감을 느끼며, 혼자 가족을 꾸려 나가도록 내버려 둔 남편에 대해 화가 난다고 말했다.

　　첫 만남 때 히로는 화가 나고 위축된 것처럼 보였다. 놀이치료사를 소개받았을 때 히로는 "내가 왜 당신이 누군지 신경 써야 해요? 이런 바보 같은 곳에서 난 아무것도 하지 않을 거야!"라고 소리쳤다. 하지만 만약 어머니가 같이 간다면 '바보 같은 아기 장난감들'을 보기 위해 놀이치료실에 가겠다고 했고, 히로의 어머니는 체념한 표정으로 동의했다. 아들이 방을 살펴보는 동안 어머니는 구석에 조용히 앉아 있었다. 히로가 어머니를 바라볼 때면 그녀는 시선을 피하거나 자신의 발치를 내려다보았다. 놀이치료사는 히로에게 모래 상자와 다양한 피규어를 소개했고, 모래 속에 손을 넣어 손가락에 어떤 느낌이 드는지 살펴보라고 격려했다.

　　히로는 조심스럽게 손을 모래 상자에 넣고 모래 안에서 앞뒤로 움직이기 시작했다. 그의 호흡이 진정되자 곧 미소가 얼굴에 떠올랐다. "엄마! 내가 어렸을 때 해변에 가곤 했던 거 기억나?" 그는 물었다. 어머니는 깜짝 놀라 고개를 들었고, 그와 함께했던 해변에서의 추억들을 이야기하는 데 몰두했다. 행복한 기억들을 함께 나누면서 작은 수준의 조율과 연결을 되찾는 것처럼 보였다. 하지만 히로가 갑자기 멈췄을 때 마치 폭풍 구름이 그의 얼굴을 지나가는 것 같았다. 그는 모래에 주먹을 날리며 "해변에서의 일은 다시는 없을 거야. 그런 시간은 끝났어!"라고 말했고, 화를 내며 근처에 있던 의자에 앉아 팔짱을 꼈다. 어머니가 위로하려고 하자 히로는 어머니를 밀어내며 만지지 말라고 말했다.

아버지의 파병 기간 내내, 히로는 어머니에게 위안을 얻으려 하면서 동시에 밀어내는 오락가락하는 행동을 보였다. 그럼에도 불구하고 히로는 어머니 없이 치료받는 것을 거부했고 어머니가 함께하기를 원했다. 때때로 그는 자신의 놀이에서 어머니를 놀리거나 수치스럽게 하여 어머니를 벌주는 것처럼 보였고, 종종 손가락 인형으로 수동-공격적인 행동을 하며 그녀는 절대로 스스로를 보호할 만큼 강하지 않다고 말했다. 히로가 내면의 생각과 두려움을 말로 표현하기 시작하였기 때문에 이것은 히로의 치료에서 강력한 순간이었다. 하지만 시간이 흐를수록 그의 어머니는 아들에게 꾸준하고 믿을 만한 존재임이 증명되었다. 몇 달 후 수동-공격적인 행동은 가라앉았고, 히로는 어머니를 진심으로 그리고 솔직하게 대하기 시작했다.

그들의 애착이 강화되면서 히로의 어머니는 과거보다 더 쉽고 빠르게 아들과 조율할 수 있었다. 그녀는 조절 불능의 '경고 신호'를 알아차리고 아들이 화를 내기 전에 달래 줄 수 있었다. 그녀는 좀 더 자신감 있게 행동하기 시작했고 자기 자신과 양육 능력에 대한 안정감을 표현했다. 히로는 교실과 군 주택에서 친구를 사귀기 시작했다. 그들의 삶은 편안하고 건강한 리듬으로 안정되어 가는 것처럼 보였고, 아버지가 파병을 마치고 돌아오자 그들은 새로운 일상에 적응해야 했다.

놀이치료에서 히로는 자신이 아버지를 그리워한다는 사실을 탐색할 수 있게 되었고, 자신이 '버려진 것'에 화가 났고, 아버지를 다시 보게 되어 흥분됐지만 또한 두려워했다. 히로는 아버지를 사랑했지만 그들의 관계에 대해서는 높은 수준의 양면성을 표현했다. 그는 군용기가 착륙한 후 작별 인사도 없이 다시 날아가는 놀이를 하곤 했다. 이 놀이

는 몇 번이고 되풀이되었다. 히로의 아버지는 아들과 함께 치료 회기에
오는 것을 꺼렸고, 아들의 까다로운 행동은 규율과 권위에 대한 존중이
부족하기 때문이라고 생각했다. 하지만 그는 자신의 아이에게 '부모'가
되는 새로운 방법을 배우기 위해 놀이치료사를 개별적으로 만나는 것
에 동의했다. 치료 회기에서 그는 조율과 반영적 경청 기술을 배울 수
있었을 뿐 아니라 자신이 어린 시절에 경험한 불신과 상처를 다룰 수
있었다.

　이 기간 동안 히로는 매주 놀이치료에 왔다. 한 회기에서 그는 아버
지에게 편지를 쓰고 싶다고 발표했고, 주도적으로 아버지에게 함께 치
료에 와 달라고 요청하는 초대장을 만들었다. 그는 초대장을 장식하고
조심스럽게 봉투에 넣었다. 회기가 끝날 때 그는 거울을 들여다보며 말
했다. "할 수 있어, 임마!" 히로는 어깨를 들썩인 후 문밖으로 나가 자신
을 기다리고 있던 아버지에게 봉투를 건네주었다.

가족의 통합

　가능할 때마다 형제자매, 부모 또는 장기 양육자(조부모 등)를 놀
이치료에 포함시키는 것이 중요하다. 왜냐하면 이들을 놀이치료에
참여시키는 것은 가정 내에서 애착의 유대를 강화하고, 아동이 외
로움을 느끼지 않고 두려움 속에 고립되지 않도록 도울 수 있기 때
문이다. 부모와 장기간 분리되면 아동에게는 최악의 공포—나는
혼자이고 나를 돌봐 줄 사람은 아무도 없다—가 실현된다. 양육자,
남아 있는 부모 그리고 형제자매들과 함께하는 것은 이러한 공포
를 줄여 주는 데 도움이 될 뿐 아니라 훼손된 애착과 그로 인한 심

리적 상처를 이해하는 데에도 도움을 줄 수 있다.

분리의 유형에 따라 부모가 치료에 참석할 수 없거나 자녀의 삶의 일부가 될 수 없을 때, 치료사는 대리 애착 대상이 될 수 있고 놀이치료실은 어린 내담자의 가장 깊은 두려움과 욕구를 위한 안전한 장소가 될 수 있다. 놀이치료는 아동이 자신의 정서를 처리할 수 있게 해 주고, 안전하고 일관된 환경을 경험하게 해 준다. 부모에 대한 애착이 갑자기 붕괴된 경험이 있는 아동에게 놀이치료실은 그들이 사는 세상에서 유일하게 일관된 장소일 수 있다. 이 경우 놀이치료사는 가족이라는 혈연 관계에 애착 유대를 만들어 가도록 도움을 줄 수 있는 아동의 지원 체계 전체를 살펴보는 것이 매우 중요하다.

형제자매를 함께 치료에 참여시키는 것은 가족에게 놀랍도록 강력한 치유 경험이 될 수 있다. 놀이치료에서 아이들을 한데 뭉치면, 부모와의 훼손된 애착을 경험하는 가운데에서도 서로 간의 관계 안에서 안정감을 쌓을 수 있는 능력을 갖게 된다. 슬픔, 상실 그리고 두려움을 공유함으로써 그들은 감정적으로 함께 연결될 수 있고, 그들이 경험하고 있는 수치심과 고립감을 줄이도록 서로 도울 수 있다. 아동 중심 놀이치료는 치료의 중요한 측면이 될 수 있으며, 아동들이 자신의 경험을 탐색하고 그들의 감정을 이해할 수 있도록 해 준다. 또한 스스로 치료 속도를 설정하고 자신의 말을 대신할 장난감을 선택할 수 있기 때문에 아동이 통제감을 경험하는 데 도움이 된다. 부모나 장기 양육자와 함께 하는 필리얼 치료(Filial therapy)는 어른들이 아이의 두려움과 상처를 이해하고 지탱할 수 있는 공간을 만드는 법을 배울 수 있어서 매우 유익하다. 이것은 아동이 현재 살고 있는 집 안에 안전한 기지를 세울 수 있도

록 도울 뿐만 아니라 가족 시스템 전체에 지원과 양육을 제공하는
데 도움이 될 수 있다.

정리

부모와의 장기적 분리는 어린 아동에게 지속적인 외상과 손상을
입힐 수 있다. 아이들은 종종 이러한 경험으로부터 치유되기 위해
필요한 지원이 부족하다. 놀이치료는 훼손된 애착이 아동의 세상
에 가져올 수 있는 고통, 두려움, 분노를 탐험할 수 있도록 안전한
장소를 제공해 준다. 그 과정에 가족과 형제자매를 포함시킴으로
써 아동이 그들과의 관계에서 안정감을 형성하고 내면의 자아감을
회복하도록 도울 수 있다.

분리가 미리 계획되었을 때에는 가족이 함께 준비할 시간이 있
기 때문에 달력을 만들거나 함께할 수 있는 가족 계획을 만드는 것
이 아이의 가장 큰 관심사이다. 파병이나 장기간의 출장 같은 상황
에서, 아이와 부모는 기술을 활용하여 대리적인 '터치 타임'을 만들
수 있다. 추방이나 투옥으로 인해 분리가 일어날 때 관계감을 유지
하는 것은 가족 체계에 매우 중요하다. 부모와 자녀를 함께 참여시
키는 것은 놀이치료사에게 더 많은 창의성을 요구하지만, 가능하
다면 부모-자녀 놀이치료를 촉진하는 것이 그들의 관계를 회복하
고 재건하는 데 도움이 될 것이다.

참고문헌

Ainsworth, M. D. S., Blehar, M. C., Waters, E., & Wall, S. (1978). *Patterns of attachment.* Hillsdale, NJ: Erlbaum.

Allen, B., Cisneros, E. M., & Tellez, A. (2015). The children left behind: The impact of parental deportation on mental health. *Journal of Family Studies, 24,* 386-392.

Barker, L. H., & Berry, K. D. (2009). Developmental issues impacting military families with young children during single and multiple deployments. *Military Medicine, 174*(10), 1033-1040.

Bowlby, J. (1978). *Separation anxiety and anger.* London, England: Basic Books.

Brown, E. C., & Gibbons, M. M. (2018). Addressing needs of children of incarcerated parents with child-centered play therapy. *Journal of Child and Adolescent Counseling, 4*(2), 134-145. Doi: 10.1080/23727810.2017.1381931

Bryant, R. A., Creamer, M., O'Donnell, M., Forbes, D., Felmingham, K. L., Silove, D., ⋯ & Nickerson, A. (2017). Separation from parents during childhood trauma predicts adult attachment security and post-traumatic stress disorder. *Psychological Medicine, 47,* 2028-2035.

Creech, S., Hadley, W., & Borsari, B. (2014). The impact of military deployment and reintegration on children and parenting: A systematic review. *Professional Psychology, Research and Practice, 45*(6), 452-464. DOI: 10.1037/a0035055

Dreby, J. (2015). U.S. immigration policy and family separation: The consequences for children's well-being. *Social Science & Medicine, 132,* 245-251.

Gallagher, H. C., Richardson, J., Forbes, D., Harms, L., Gibbs, L., Alkemade, N., ⋯ & Bryant, R. A. (2016). Mental health following separation in a disaster: The role of attachment. *Journal of Traumatic Stress, 29*, 56–64.

Gilham, J. J. (2012). A qualitative study of incarcerated mothers' perceptions of the impact of separation on their children. *Social Work in Public Health, 27*(1–2), 89–103.

Hicks, J. F., Lenard, N., & Brendle, J. (2016). Utilizing filial therapy with deployed military families. *International Journal of Play Therapy, 25*(4) 210–216.

(제8장)

복합 외상과 애착

들어가기

트라우마는 사람, 성별, 사회경제적 지위나 문화를 가리지 않는다. 인간의 역사 속에서 트라우마는 우리의 삶 안에 항상 존재해 왔다. 때로는 폭풍, 토네이도, 허리케인, 지진, 화산 폭발, 가뭄과 같은 자연 현상으로 인해 트라우마가 만들어지기도 하고, 또 때로는 전쟁, 대량학살, 강제 이주, 납치, 강간, 기차, 자동차, 비행기 사고와 같은 인간의 창조물로 인해 트라우마가 경험되기도 한다. 친밀한 관계에서 일어난 신체적·정서적 그리고 성적 폭력 때문에 아동이 겪게 되는 트라우마는 또 다른 종류의 인간이 만든 재난이며, 이것은 공동체와 문화, 종교 그리고 가족을 파괴한다. 이 책 전반에 걸쳐 트라우마는 다양한 형태와 방식으로 묘사되어 왔다. 이 장에서는 다양한 형태의 신체적·성적 학대로 인한 트라우마가 부모-자녀 관계에 미치는 영향에 대해 심도 있게 다룰 것이다.

문헌 고찰

트라우마를 경험한 아동은 통제력을 상실하고 무기력해져서 취약해진 상태로 두려운 상황에 대한 원시적인 반응인 투쟁-도피 혹은 동결 반응에 들어간다. 터(Terr, 1991)는 트라우마를 "한 번의 갑작스러운 타격 또는 일련의 타격으로 인해 일시적으로 무기력해져서 정상적인 대응 및 방어 작전을 취할 수 없게 되는 정신적 결과"로 정의한다(p. 11). 가장 최근의 통계에 의하면 트라우마는 가정환경과 부모-자녀 간 애착 유대에 광범위하게 영향을 미친다.

미국 질병통제센터(Center for Disease Control: CDC)는 2014년에 다음과 같은 자료를 발표했다. 미국인 5명 중 1명은 어린 시절 추행을 당한 경험이 있고, 4명 중 1명은 부모로부터 흔적과 타박상이 남을 정도의 구타를 당했으며, 세 커플 중 한 커플은 신체적 폭력에 연루되었고, 25%의 자녀가 알코올 중독 부모를 두고 있으며, 8명 중 1명의 아동이 어머니가 구타당하는 것을 목격하였다(Van der Kolk, 2015). 2016년 질병통제센터는 아동보호서비스(Child Protective Service: CPS)에 보고된 아동 학대 및 방임 피해자가 67만 6,000명이며 1,750명의 아동이 학대와 방치로 사망했다고 보고했다(HHS, 2018).

실제적인 학대 및 방임 건수는 보고된 것보다 훨씬 더 많은 것으로 추정되고 있다. 3세 이전의 어린아이들은 학대에 가장 취약하며 피해율이 가장 높다. 학대 및 방임은 아동의 초기 인지적·사회-정서적·관계적 발달에 큰 영향을 미치는 것으로 나타났다 (Stubenbort, Cohen, & Trybalski, 2010).

가정 폭력을 목격했으면서 동시에 피해자이기도 한 아동은 상당한 고통을 겪게 되는데, 연구자들은 이것을 '이중고 현상(double whammy phenomenon)'이라고 부른다. 이러한 아동은 발달적으로 취약할 뿐 아니라 공격성, 비행, 우울증, 10대 임신, 외상후 스트레스 장애와 같은 문제 행동에 노출될 위험도 높다(Sousa et al., 2010). 미국 내에서 20만 명 이상의 아동이 가정 폭력에 노출되어 있는 것으로 추산된다.

주디스 허먼(Judith Herman)은 반복적이고 만성적인 학대가 포함된 트라우마를 의미하는 **복합 외상**이라는 용어를 만들었다. 가정 및 친밀한 관계 안에서 정서적·신체적·성적 그리고 관계적 폭력의 희생자가 된 아동이 경험하게 되는 심각한 트라우마는 아동이 자아 및 타인에 대한 내적 작동 모델을 형성하는 데 영향을 미친다. 그들은 세상이 안전하지 않고 세상의 위험으로부터 그들을 보호해 주어야 할 사람들이 가장 큰 상처를 주는 사람들이며, 자신은 사랑스럽지도 않고 사랑받아서도 안 된다는 믿음을 만들어 낸다. 그들은 부모가 그렇게 쉽게 자신들을 버리거나 깊은 상처를 주는 이유는 자신이 중요하지 않거나 가치가 없기 때문이라고 믿는다.

아동이 트라우마를 경험하게 되면 세상에 대한 그들의 신념은 '세상은 안전하지 않고, 부모님은 나를 보호할 수 없거나 보호하지 않기로 선택할 것이다'로 바뀌게 된다(Mellenthin, 2018). 만약 아동이 충격적인 경험을 하는 동안 부모가 자녀를 돕지 못했다면, 아동은 가족 시스템 전체를 무력한 것으로 여기게 된다. 이 경험으로 인해 아동은 그들의 애착 요구가 어떤 때는 충족되지만 어떤 때는 충족되지 못한다고 생각되어 불안정 애착 패턴을 갖게 될 가능성이 높다. 연구에 따르면 가정 폭력에 노출된 아동은 전형적으로 부모나 양육자에게 애착을 덜 느끼며 지원도 더 적게 받는 것으로 나타났다. 폭력 속에 살고, 매일 트라우마를 경험하며, 정서적 · 관계적 조절 불능의 상태에서 사는 아동은 혼란 애착 패턴을 발전시키는 경향이 있다. 그들은 부모가 자신을 보호하지 않기로 선택했다는 신념과 자신의 경험을 직접적으로 연결시킨다.

연구자들은 이러한 학대 경험이 발달 중인 아동에게 모순을 만들어 낸다고 제안했다(Stubenbort et al., 2010). 아동이 두려움에 처하면 애착 시스템이 활성화되고 애착 요구에 중점을 두는 방향으로 행동한다. 그들은 보통 부모와 함께 있을 때 느끼게 되는 안정과 위안을 찾으려고 할 것이다. 하지만 그들의 세상에서 부모는 상처와 공포를 주는 사람이기 때문에 부모에게 다가가는 것은 두려움을 증가시킨다. 부모는 공포의 원천이자 공포의 해결책이 되는 것이다(Stubenbort et al., 2010). 이런 상황은 아동에게 만성적인 조절 불능의 경험을 만들어 낸다.

아동의 복합 외상을 치료할 때, 공격적이지 않은 부모를 놀이치료 과정에 참여시키는 것이 중요하다. 아동은 이 부모가 그들의 안정과 안전의 원천이 되기를 간절히 원한다. 가능할 때마다 안전한 기지를 만들기 위해 부모를 참여시키는 것이 아동이 외상 경험을 완전하게 처리하는 데 필요한 요소이다. 아동이 부모와 함께 치료 작업을 할 수 없는 경우(예: 학대 및 방임으로 인해 부모가 보호에서 제외된 경우)에는 장기적으로 함께할 수 있는 주양육자를 포함시키는 것이 좋다. 이러한 양육자는 아동이 경험한 해로운 외상 경험을 치유하도록 돕는 안전한 애착 대상이 될 수 있다. 아동이 안정적이고 안전한 상태가 아니거나, 부모가 아동의 치료에 참여할 수 없거나 참여하지 않는 경우에는 임상가가 아동의 개별치료 과정에서 대리 애착 대상이 될 수 있다. 무조건적인 긍정적 배려, 신체적·정서적으로 안전한 환경, 건강한 경계 설정 그리고 아동이 즐거워하는 것을 제공하는 것은 아동이 경험한 관계적 상처의 일부를 치유하는 데 도움을 줄 수 있다. 이것은 애착을 발달시키는 데 있어서 매우 중요한 놀이의 치료적 힘 중 하나이다(Schaefer & Drewes, 2014).

개입

복합 외상과 애착 외상을 치료하는 것은 단기적 해결에 초점을 두는 모델이 아니다. 학대와 방치를 경험한 아동들이 치료사와 기본적인 신뢰 관계를 발전시키기 위해서는 여러 회기가 필요할 수 있다. 아동이 치료 과정을 이끌어 가도록 하면서 임상가가 유연하고 적응적인 태도를 갖는 것이 중요하다. 사례 담당자, 보험사, 부모들이 치료에 대해 단순히 '문제를 해결하라'는 압력을 가할 수 있기 때문에 아동이 치료 과정을 이끌어 가는 것은 어려울 수 있다. 하지만 복합 외상의 치유는 단순히 문제를 해결하려는 즉각적 시도로는 불가능하다. 아동들이 '그' 이야기가 아닌 나의 이야기를 할 수 있기 위해서는 시간이 필요하기 때문이다(Mellenthin, 2018). 이것은 스토리텔링, 비언어적 참여, 재연, 모래 상자, 표현 예술 그리고 다수의 다른 놀이치료 프로토콜을 통해 다뤄질 수 있다. 아동이 자신의 트라우마에 관한 이야기를 다른 사람과 공유하기 시작할 때 자신의 말을 듣고 있다고 느끼는 것이 매우 중요하다. 또한 가능하다면 반드시 부모가 함께 아동의 이야기를 들어 주고, 그들의 경험을 믿어 주고, 회복을 위한 작업에 참여하는 것이 아동이 자신의 경험을 이해하고 통합하는 데에 중요하다.

애착 기반 놀이치료를 이용할 때, 치료사는 집단 역동과 집단 크기에 대해 융통성을 가질 수 있다. 치료사는 가족치료에 궁극적인 목표를 두고, 자녀와 부모에 대한 개별 작업을 먼저 시작할 수도 있다. 하지만 어떤 경우에는 바로 가족 작업을 시작하는 것이 중요하다(이것은 트라우마 사건 직후인 경우 종종 그렇다). 치료사는 아동과 가족 구성원의 애착 요구를 명확히 이해할 필요가 있다. 이것이 예비 내담자와 함께 초기 평가를 할 때 애착 평가가 포함되어야 하는 중요한 이유이다(제2장 참조).

유리병에 담긴 심장[1]

애착 외상의 영향을 받은 가족은 불안하고, 두려워하고, 서로 단절될 수 있기 때문에 안전과 연결을 구축하는 것이 치유 과정의 핵심이다. 이 가족 놀이치료 개입법은 ① 부모와 자녀가 감정을 탐색하고, 확인하고, 표현하며, ② 사람들이 다시 상처받는 것을 두려워하기 때문에 위축된다는 것을 이해하고, ③ 애착 상처 이후에 취

---

1) 멜리사 블러멜(Melissa Blummel, LCSW: 공인사회복지사)가 제안한 개입법.

[그림 8-1] 유리병에 담긴 심장

약해진 관계를 회복하기 위해서는 용기와 많은 노력이 필요하다는 것을 인정하도록 돕기 위해 고안되었다. 이 활동은 죽음을 경험한 가족에게 특히 유용할 수 있다([그림 8-1] 참조).

준비물
- 책:『마음이 아플까봐(The Heart and the Bottle)』(Oliver Jeffers 저)
- 입구가 넓은 항아리 혹은 유리병
- 하트 모양으로 자른 종이
- 잡지
- 풀
- 가위
- 끈
- 펀처
- 크레용

방법

① 애착 외상을 가족에게 설명한다. 치료사는 다음과 같이 말할 수 있다. "우리는 누군가에게 상처를 받은 후에(혹은 사랑하는 누군가가 죽은 후에), 더 큰 고통으로부터 우리 자신을 보호하기 위해 다른 사람들로부터 멀어질 수 있습니다. 하지만 이렇게 다른 사람으로부터 멀어지는 것은 우리를 슬프고 외롭게 할 수 있습니다."

② 『마음이 아플까봐(The Heart and the Bottle)』을 읽는다.

③ 책 속에 등장하는 소녀의 심장이 병 속에 있을 때와 병 밖으로 나왔을 때 각각 어떻게 느꼈을지 함께 상상해 본다. 소녀가 어떻게 심장을 '병에 가둬' 두었다가 나중에는 해방시킬 수 있었는지에 대해 이야기해 본다.

④ 각 가족 구성원에게 종이 심장으로 말아 놓은 병을 나눠 준다. 각자가 그 순간에 경험하는 느낌 한 가지마다 한 가지 색을 선택하게 한다. 종이 심장을 떼어 낸 후 각각의 감정을 얼마나 느끼는지에 따라 색칠하도록 지시한다. 완성되면 한 명씩 돌아가며 공유한다.

⑤ 애착 상처가 어떻게 치유될 수 있는지에 대해 설명한다. 치료 회기는 가족이 다시 연결되기 위해 건강한 위험을 감수할 수 있는 안전한 곳이라는 점을 설명한다. 향후 치료 회기에서는 관계에 신뢰를 쌓는 힘든 작업을 해낼 수 있다는 것을 상기할 수 있도록 종이로 만든 심장을 꺼내 목에 걸고 있을 수 있다 ([그림 8-2] 참조).

[그림 8-2] 심장을 목에 걸기

⑥ 때때로 우리는 잠재적인 거절과 상실로부터 스스로를 보호하고 싶어 할 수 있다고 설명한다. 그런 순간에는 병에서 다시 마음을 빼낼 수 있을 만큼 충분히 안전하다고 느낄 때까지 마음을 열지 않아도 괜찮다는 것을 상기시켜 준다.

* 사랑하는 사람의 죽음과 관련된 애착 문제가 있는 가정의 경우, 다음과 같은 추가적인 단계가 도움이 될 수 있다.

   가족 구성원들에게 사망한 사랑하는 사람과의 추억을 나타내는 이미지를 잡지에서 오려 내라고 지시한다. 그런 다음 사진들을 병 외부에 붙이고 왜 그 사진들을 선택했는지 공유하도록 한다.

** 이 단계가 추가되는 경우, 여러 회기에 걸쳐 활동을 완성하는 것이 좋다([그림 8-3] 참조).

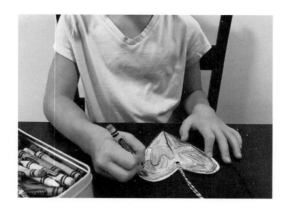

[그림 8-3] 심장 만들기

뜨거운 감자 게임

뜨거운 감자 게임은 가족 시스템 내의 역기능이 어떻게 부모와 자녀를 구속하거나 서로 얽히게 하는지 이해할 수 있도록 만들어진 가족 놀이치료 개입이다. 아동 치료 계획의 일부로 가족치료를 시작할 때, 임상가는 부모가 가지고 있는 기능·역기능의 수준과, 새로운 정보를 인지적으로 처리하는 능력을 평가하는 것이 중요하다.

준비물
- 털실 한 뭉치
- 각 구성원당 한 개씩의 가위

방법
① 가족이 바닥에 원을 그리며 함께 앉도록 한다. 그들에게 실 뭉치로 핫 포테이토(Hot Potato)[2] 놀이를 하도록 지시하고, 털실

이 닿은 모든 가구나 사람은 털실로 감도록 한다.

② 가족이 어떻게 거미줄에 얽히게 되는지(거미줄에 벌레가 잡히는 것처럼) 생각한다. 가족에게 다음과 같은 질문을 할 수 있다.

-지금 털실에 묶여 있는 기분이 어때요?

-묶인 것을 풀기 위해서 당신 혹은 당신의 가족이 무엇을 할 수 있나요? 아직 하지 마세요. 서로 협력해서 풀 수 있는 몇 가지 방법을 얘기해 보세요.

-어떤 행동이 우리를 거미줄에 갇히도록 만들까요? (치료사는 비밀을 간직하는 것, 실망, 상처받은 감정 등 몇 가지를 예로 들어 줄 수 있다.)

-우리가 거미줄에서 벗어나기 위해서는 앞으로 어떻게 해야 할까요?

③ 가족 구성원 모두에게 안전장치가 달린 가위를 준다. 각자 돌아가면서 자기 자신 혹은 서로 감겨 있는 털실을 자르도록 한다. 털실을 자를 때, 자유로워지기 위해 할 수 있는 어떤 것 또는 힘을 주는 메시지를 외칠 수 있다. 예를 들어, "나는 비밀을 지키지 않을 거야." "너는 내가 너를 안전하게 지켜 줄 거라고 믿어도 돼." 등의 말들이 있다.

④ 가족을 풀어 주면서 힘을 실어 주는 말을 외칠 때 기분이 어땠는지에 대해 함께 나눈다.

---

2) 역자 주: 우리나라의 '폭탄 돌리기'와 유사한 게임. 진행자가 음율에 맞춰 〈핫 포테이토(Hot Potato)〉노래를 부르다가 멈추는 순간 폭탄(여기서는 털실뭉치)을 들고 있는 사람이 아웃되는 방식. 이 개입에서는 노래가 멈추는 순간 털실뭉치를 들고 있던 사람을 털실로 감아 움직이지 못하게 만듦.

⑤ 이 개입은 그들의 치료 계획에 대한 은유로 사용할 수도 있다. 과거의 부적응 행동으로부터 벗어나고 가족이 함께 작업할 수 있는 대처 전략을 연습함으로써 그들이 '풀려날 수 있는' 방법을 찾는 것을 치료 목표로 설정한다.

🗂 사례 >>>>>

메건

메건은 삼촌의 성적 학대에 노출된 이후 지역 내 경찰에 의해 놀이 치료로 의뢰된 9세 아동이다. 메건은 대가족이었고 많은 삼촌, 이모, 조부모, 사촌과 종종 시간을 보냈다. 메건의 부모가 주말 동안 집을 비웠던 어느 날, 메건의 삼촌은 그녀를 태우고 피자를 사러 갔다. 삼촌은 메건에게 '특별 대우'로 앞자리에 앉으라고 한 뒤, '간지럼 게임'이자 둘만의 특별한 비밀이라며 첫 추행을 했다. 메건의 부모님이 돌아온 후에도 삼촌은 메건과 단둘이 있을 기회를 계속 찾았다. 학대는 몇 주 동안 지속되었고, 빈도와 시간이 늘어났으며 결국 삼촌은 가족 행사가 있던 날 그녀를 강간했다.

메건은 몇 달이 지나도록 학대 사실을 말하지 않았다. 그녀의 어머니는 메건이 지난 몇 주 동안 이상하게 행동했다는 것을 알아챘지만 무엇이 문제인지 물어볼 때마다 메건은 어깨를 으쓱하며 아무 말도 하지 않았다. 아버지가 굿나잇 키스를 하러 들어왔을 때 메건은 그에게 방에서 나가라고 소리쳤다. 며칠 동안 이런 일이 반복되자 메건의 아버지는 더 이상 인사하러 들어오지 않기로 결정했고, 친밀했던 그들의 관계는 멀어졌다. 메건의 삼촌이 취업을 위해 새로운 도시로 이사하고 난 후, 이제 정기적으로 그를 볼 필요가 없다는 것을 알게 되고 나서야 메건은 부모에게 성폭행에 대해 말했다. 그녀의 부모는 완전히 허를 찔린 듯했다. 메건이 말하는 동안 어머니는 메건을 끌어안고 울음을 달래며 "이

건 네 잘못이 아니야."라고 말해 주었다.

폭로 후 일주일 만에 메건은 치료를 시작했다. 그녀를 맞이하러 갔을 때, 메건은 어머니의 무릎에 앉아서 옆에 있는 아버지의 손을 움켜잡고 있었다. 메건은 인사도 하지 않고 치료사를 쳐다보지도 않았다. 치료사가 "오늘 부모님이 함께 놀이방에 와 주셨으면 좋겠니?"라고 묻자 메건은 재빨리 고개를 끄덕였고, 얼굴에 안도감이 퍼졌다. 양손으로 부모의 손을 각각 잡고 치료사를 따라 놀이치료실로 들어가자 그녀의 몸짓이 느슨해졌다. 메건과 그녀의 부모는 회기 내내 아동 중심 놀이치료에 참여했고, 그들의 애착을 강화하고 메건을 위한 안전감을 만들기 위해 노력했다. 그들의 애착이 회복되면서 메건은 부모를 확인하는 일이 점점 줄어들었고 진지하게 '놀이치료실의 대장' 역할을 맡았다. 그녀는 종종 옷을 차려입고 상상 놀이를 하였는데, 부모님과 놀이치료사에게도 역할과 의상을 지정해 주었다. 메건의 주제극에는 항상 메건을 해치고 사라지는 사악한 마법사가 등장했다. 많은 회기 동안 메건의 캐릭터는 납치되어 높은 탑에 갇혔다. 그녀는 부모님에게 그녀가 발견될 준비가 될 때까지 구석구석과 테이블 밑을 살피며 찾아보라고 지시했다. 매 회기는 사악한 마법사(대개 치료사)가 주문을 걸어 메건을 다치게 하고 다시 가두어 부모가 메건을 찾을 수 없게 만드는 것으로 끝났다.

시간이 흐르면서 메건의 이야기는 각색되기 시작했다. 그녀는 부모에게 그들이 이제 사악한 마법사에 대항할 마법의 힘을 가졌다고 알려 주었고, 머지않아 그들은 다 함께 마법사를 물리칠 수 있게 되었다. 선이 악을 이긴 그 특별한 회기 이후, 메건은 다시는 놀이치료를 위해 옷을 갈아입을 필요가 없다고 말했다. 그녀는 놀이치료사와 부모님에게 "우리는 더 이상 그 게임을 할 필요가 없어요. 이제 다 끝났어요."라고 말했다.

메건은 자신의 트라우마 스토리를 의미 있게 이해하고 통합할 수 있었고, 그 과정에서 부모로부터 권한과 지지를 받았다. 놀이치료 과정의 처음부터 부모를 참여시킨 것이 메건의 치유에 필수적인 측면임이 증명되었다. 그녀의 치유가 이루어지면서 가족은 그들의 애착 체계를 회복할 수 있었고, 메건은 자신을 안전하게 지켜 주는 부모님의 능력을 다시 신뢰하게 되었다. 학대가 있기 전 메건은 부모 모두에게 안전하고 사랑스러운 애착을 경험했다. 성적 학대로 인해 그녀의 애착이 불안정해졌음에도 불구하고 그들은 메건이 기댈 수 있는 안전한 기지를 복구하고 재창조할 수 있었다. 이것은 메건이 일상생활에서 안정감과 안전감을 느낄 수 있도록 해 주었고, 그녀가 경험했던 트라우마로부터 치유되는 데에 긍정적인 영향을 미쳤다.

찰리

찰리는 어렸을 때부터 위탁 가정을 들락거렸다. 찰리가 13세가 되었을 때 어머니가 아동 학대 및 유기 혐의로 기소되었고, 찰리는 소년들을 위한 그룹홈에 배치되었다. 찰리는 학교 상담사에게 도움을 요청했다. 그는 어머니가 음식과 돈도 없이 자신을 며칠 동안 아파트에 혼자 남겨 두었으며, 밤늦게 근처 식료품점에서 쓰레기통을 뒤져 음식을 찾아 먹으며 지냈다고 말했다. 찰리가 도움을 요청하기 위해 사무실로 들어올 때 상담사는 그의 팔과 얼굴에 몇 개의 멍이 있다는 것을 알아챘다. 어떻게 다쳤는지 묻자 찰리는 조용히 이렇게 말했다. "엄마가 그랬어요. 엄마가 떠나기 전에 내가 엄마를 정말 화나게 했거든요." 찰리는 셔츠를 들어 올려 가슴과 몸통을 따라 심한 멍이 든 것을 보여 주었다. 상담사는 아동보호국에 연락했고 찰리는 지난 3년간 8번째로 위탁 가정에 맡겨졌다.

찰리는 그룹홈에서 조용하고 공손한 모습을 보였다. 그는 다른 아이들과 어울리지도 않았고 문제를 일으키지도 않았다. 그는 묻는 말에만 대답했고 관심을 끌지 않았다. 사례 담당자가 정기적으로 그를 방문했고, 찰리가 그룹홈에 들어오고 얼마 되지 않아 치료가 시작되었다. 찰리는 나이에 비해 키가 작았고 몸무게가 현저히 적었다. 그의 양부모는 그가 적은 양의 음식만 먹는 것을 매우 걱정했다. 그는 그룹홈에 오기 전에 방치되었던 다른 많은 소년이 전형적으로 하는 음식 모아 두기나 훔치기를 하지 않았다. 찰리는 학교생활이든 식사든, 사회적으로든, 감정적으로든 겨우 버틸 만큼만 하는 것 같았다.

찰리의 어머니는 약물 남용 전력이 있었고 마약을 대가로 매춘을 한 것으로 알려졌다. 그녀는 종종 먹을 것이나 돈을 남겨 놓지 않고 찰리를 며칠씩 떠나곤 했다. 찰리는 어렸을 때부터 위탁 가정을 들락날락했다. 그의 어머니는 그를 집으로 데려올 수 있을 만큼 열심히 일했지만 빠르게 다시 중독 사이클에 빠졌다. 찰리는 외동이었고 아버지가 누구인지 몰랐으며 평생 아버지 같은 성인을 만나 본 적이 없었다. 찰리의 삶에서 유일하게 안정적이고 일관된 성인상은 위탁 가정 초기부터 그와 함께했던 사례 관리자 테스였다. 테스는 찰리와 특별한 관계를 맺고 있었다. 그녀는 찰리를 포함하여 자신이 담당하고 있는 사례를 유지하기 위해 승진과 다른 기회들을 포기하면서(때로는 그녀의 직업적 발전에 해가 될 수도 있지만) 찰리 옆에 있어 주었다.

치료에서 찰리는 조용하고 내성적이었다. 그룹홈에서와 마찬가지로, 그는 말수가 적고 다른 사람들과 공개적으로 접촉하지 않았다. 치료사는 아동 중심 놀이치료가 치료 초기 단계에서 안정감을 조성하고 치료 관계가 발전할 수 있도록 하는 데 도움이 될 것으로 판단했다. 찰리는 재능 있는 예술가였고, 지루하거나 압도당할 때 낙서를 할 수 있는 공책을 가지고 다녔다. 그의 치료사는 많은 미술 용품을 놀이방에 잘 비축해 두었다. 찰리는 자신의 내면세계와 감정을 보여 주는 그림을 그리라는 요청에 매우 잘 반응했다. 시간이 흐르면서 찰리는 자신의 그림을 탐색하고 처리할 수 있었고, 그의 인생 경험에 대한 그림을 그리고, 자신과 세상을 어떻게 바라보는지에 대한 이야기를 만들기 시작했다.

찰리의 어머니는 그가 그룹홈에 있던 처음 몇 달 동안 행방이 묘연했고, 이것은 찰리에게 상당한 고통을 주었다. 이 시기 동안 그의 놀이 대부분은 '놀이방의 유령'에 집중되었는데 이것은 그의 그림, 모래 상자 그리고 꿈속에 항상 나타났다. 어머니와 자신의 관계가 '어땠어야 하는지'와 실제로 어땠는지에 대한 괴리감에 슬퍼하면서, 어머니로부터 버려졌던 경험은 상당한 슬픔과 상실감과 함께 그의 존재 모든 부분에 스며들었다. 장기간 그룹홈에 머물렀지만 그의 거처는 영구적이지 않았고, 언제든 위탁 가정으로 갈 수 있었기 때문에 그의 치료에 부모를 포함시키는 것은 최선이 아니라고 판단되었다.

치료사와 신뢰를 쌓으면서 찰리는 보고되지 않았거나 다뤄지지 않았던 심각한 학대와 방치에 대해 이야기하기 시작했다. 그는 어머니를 잃은 슬픔에 빠졌고 어머니에게 무슨 일이 일어났을지도 모른다는 불안으로 트라우마가 가중되었다. 찰리는 자신이 엄마를 쫓아냈다는 자책감과 두려움 속에 있었다. 그가 마음의 고통을 말로 적절히 표현할 수 없었기 때문에 그림은 그의 언어가 되었다. 찰리는 자신이 사랑스럽지 않다고 믿었고, 다른 사람들이 자신에게 친절이나 애정을 보이면 그들을 믿지 않았다. 몇 달에 걸쳐 찰리는 치료에 함께한 그룹홈의 부모와 서서히 신뢰 관계를 형성하고 그들의 사랑을 받아들일 수 있었다. 그는 저녁을 먹기 시작했고, 심지어 더 달라고 요청하기도 했다. 선생님들은 찰리가 토론 수업에서 손을 들고 참여하기 시작했다고 기쁜 마음으로 보고했다. 놀이치료에서 그의 예술은 어둡고 무서운 그림에서 희망과 빛을 포함하는 이미지로 바뀌기 시작했다. 어둠은 여전히 존재했지만 시간이 갈수록 점점 줄어들었다. 찰리는 자신이 겪은 트라우마로부터 계속 치유되면서 자기 자신과 미래에 대한 희망을 표현하기 시작했다. 찰리가 자부심, 안정감 그리고 조심스러운 낙관론을 처음으로 표현할 수 있었던 순간이었다.

그의 발전으로 인해 찰리는 새로운 위탁 가정에 보내졌다. 이 변화는 그가 받아들이기 너무 힘든 일이었지만 운 좋게도 찰리는 같은 에이전시에 소속되어 같은 학교에 다닐 수 있었다. 매주 그룹홈의 부모를 방문할 수 있었고 치료사와 사례 담당자는 일관성을 유지했다. 이것은 새로운 배치로 인한 애착 상처를 줄여 주었다. 찰리는 여러 달 동안 그의 불안과 상실감을 다스리려고 노력했다. 천천히, 그는 양부모에 대한 새로운 애착을 형성할 수 있었고 치유 여정을 계속할 수 있었다.

가족의 통합

가능하다면 애착 외상과 복합 외상을 다룰 때 (적대적이지 않은) 부모와 가족이 치료에 참여하는 것이 중요하다. 종종 트라우마에 대한 이야기는 가족 개개인마다 약간씩 다르지만, 모두가 자신의 이야기를 공유하고 트라우마에 대한 일관성 있는 가족 이야기를 만들어 가도록 서로 도울 권리와 필요가 있다. 부모-자녀 작업을 통해 부모와 자녀 간의 애착은 극대화된다. 아동은 자신을 보호해 주고 삶의 폭풍으로부터 쉼터와 위안을 제공할 수 있는 안전한 기지로서의 부모를 경험해야 한다. 또한 부모는 자신이 자녀의 애착 요구를 충족시킬 수 있는 능력이 있다고 믿는 자신감을 기를 필요가 있다.

복합 외상을 경험한 많은 아동은 미래의 상처로부터 자신을 보호하기 위해 파괴적인 부적응적 행동 반응을 발달시킨다. 자신이 사랑스럽지 않다고 믿는 아동은 자신이 옳다는 것을 증명하기 위해 실제로 사랑스럽지 않은 행동들, 예를 들면 자신이나 타인을 해치겠다고 위협하거나, 오물을 벽이나 사람에게 뿌리고 사람과 가구에 오줌을 싸거나, 애완동물을 해치겠다고 위협하거나, 성적인 행동을 하거나, 화를 내고 공격하고 울며 떼쓰는 행동을 할 뿐만 아니라 다른 사람들을 자신으로부터 멀어지게 하는 많은 부적응 행동을 일삼는다. 이러한 행동들은 양육자들이 다루거나 견디기에 매우 힘든 것이며, 보살핌과 애착이 절실한 이 아동들을 양육자로부터 멀어지게 만든다. 자신의 두려움에 대한 해결책이 될 수 있는 사람들이 잠재적으로는 두려움의 원인이 될 수도 있다는 것에 대해 아동이 계속해서 과민하게 인식한다면, (비록 그것이 다른 사람들을 자신으로부터 멀어지게 하는 것을 의미하더라도) 그들은 스스로를 보호하기 위해 그렇게 할 것이다.

수년 전 보육 서비스부에서 아이들과 함께 일할 때 한 청년이 내게 "화내지 않으면 내가 지는 건데, 더 이상 질 수는 없어요."라고 말했다. 이 말은 그들이 신뢰하거나 자신을 안전하게 보호해 줄 것이라고 믿었던 어른들로부터 신체적 · 성적 학대를 경험한 아동들과 작업할 때 반복해서 듣게 되는 말이다. 트라우마를 치료하기 위한 중요한 첫 단계 중 하나는 놀이치료실 안에 안전감을 만드는 것이다. 치료 초기부터 아동에게 적절한 선택을 하도록 하는 것은 아동이 임상가에게 안전감을 느끼고 신뢰하도록 만드는 데에 중요하다. 놀이치료실 문을 열어 둘지 닫아 둘지 그리고 부모님과 함께 회기에 참여하고 싶은지 선택하도록 하고, 아동이 놀이치료실의 '대장'이 될 수 있도록 한다. 아동 중심 놀이치료에 참여하는 것은 단순히 개인적인 숙달만을 가르치는 것이 아니라 아동이 성인을 신뢰할 수 있도록 하고 스스로 안전감과 신뢰감을 갖도록 하는 것이다. 필리얼 치료와 아동 중심 놀이치료의 기술을 부모에게 가르치는 것 또한 초기 단계에서 큰 도움이 된다. 구조화, 공감적 경청, 아동 중심 상상 놀이 그리고 제한 설정은 부모가 치료사로부터 배워야 하는 중요한 기술이며, 치료사는 놀이치료실에서 부모가 자녀와 함께 이러한 기술을 활용하고 숙달하도록 도움을 주어야 한다 (Topham, VanFleet, & Sniscak, 2014).

놀이치료에 부모와 자녀가 함께 참여하면 그들 사이의 애착과 조율이 강화된다. 부모가 조율 및 반영적 경청, 참여의 기술을 발전시키면서 회복 작업은 시작된다. 부모와 함께 있을 때 안전하고 위로받는다고 느끼는 아동은 그들의 삶 속에 있는 트라우마를 탐색하고 치유할 수 있다. 자녀와 부모 사이의 애착은 메건 사례에서처럼 이전에 안전한 애착이 있었을 때 더 쉽게 회복된다. 그녀는 트라우마 이전에 부모와의 안정적인 애착을 발전시켰고 학대가 애착에 큰 영향을 미쳤지만 부모와의 관계에서 신뢰와 안전의 강한 기반에 기댈 수 있었다. 아동이 불안정 혹은 혼란 애착일 경우, 찰리와 같이 학대 가해자가 동시에 보호자인 경우에는 아동에게 신뢰와 안전의 확고한 기반이 부족하기 때문에 애착 외상으로부터 치유되는 것이 훨씬 더 어렵다. 그들은 혼자서 세계를 항해하는 법을 배웠고, 다른 사람들에게 의지하는 것은 분명히 더 큰 상처를 초래할 것이라고 믿는다. 그래서 타인에 대한 신뢰를 형성하고 치료사뿐만 아니라 보호자와 건강한 애착을 형성하려면 훨씬 더 오랜 시간이 걸린다.

정리

놀이치료는 애착 관련 트라우마를 경험한 아동들과 함께 작업할 때 활용할 수 있는 강력한 양식이다. 왜냐하면 놀이치료의 핵심이 관계와 연결을 강화하고 발전시키는 데 있기 때문이다. 놀이치료에서는 부모와 자녀가 비언어적·언어적 과정에 참여함으로써 더 깊은 수준의 의사소통과 회복이 가능하다. 은유의 힘을 이용한 놀이는 또한 애착을 개선하고 가족 내의 안전감을 회복하는 데 도움을 줄 수 있다. 적대적이지 않은 부모에게 권한을 부여하고 부모-자녀 관계를 극대화함으로써 임상가는 부모가 안전과 위로를 제공할 수 있도록 돕는다. 그리고 이것은 발달 중인 아동이 자신 및 타인에 대한 내적 작동 모델과 트라우마에 대한 신념을 재구성하는 데 도움을 준다.

참고문헌

Department of Health and Human Services. (2018, April 10). *Child abuse and neglect prevention.* Retrieved from https://www.cdc.gov/violenceprevention/childabuseandneglect/index.html

Herman, J. (1992). *Trauma and recovery.* New York, NY: Basic Books.

Mellenthin, C. (2018). *Play therapy: Engaging and powerful techniques for the treatment of childhood disorders.* Eau Claire, WI: Pesi Publishing.

Schaefer, C. E., & Drewes, A. A. (2014). *The therapeutic powers of play: 20 core agents of change.* Hoboken, NJ: Wiley & Sons Inc.

Sousa, C., Herrenkohl, T. I., Moylan, C. A., Tajima, E. A., Klika, B., Herrenkohl, R. C., & Russo, M. J. (2010). Longitudinal study on the effects of child abuse and children's exposure to domestic violence, parent-child attachments, and antisocial behavior in adolescence.

Journal of Interpersonal Violence, 26(1), 111-136. Doi: 10.1177/0886 260510362883

Stubenbort, K., Cohen, M. M., & Trybalski, V. (2010). The effectiveness of an attachment-focused treatment model in a therapeutic preschool for abused children. *Clinical Social Work Journal, 38*, 51-60. Doi 10.1007/s10615-007-0107-3

Terr, L. (1992). *Too scared to cry, psychic trauma in childhood.* New York, NY: Basic Books.

Topham, G. L., VanFleet, R., & Sniscak, C. C. (2014). Overcoming complex trauma with filial therapy. In C. A. Malchiodi & D. A. Crenshaw (Eds.), *Creative arts and play therapy for attachment problems* (pp. 121-138). New York, NY: The Guilford Press.

Van Der Kolk, B. (2015). *The body keeps the score.* New York, NY: Penguin Books.

제9장

정서적 방임 및 학대와 애착

들어가기

    정서적 학대와 방임은 미국 내에서 아동 학대와 관련된 수사의 대다수를 차지한다. 방임은 아동 학대에서 가장 흔하게 보고되는 유형이지만 이상하게도 예방 서비스의 형태로 도움을 요청하게 되는 가장 마지막 문제이다. 개입이 발생하기 전에 여러 차례의 방임 보고가 있는 것이 일반적이다(Jones & Logan-Greene, 2016).

    방임은 신체적·의료적·정서적 영역을 포괄한다. 방임은 의식주와 적절한 관리 감독 같은 물리적 요구를 포함하여 아동의 발달에 필요한 적절한 보살핌을 부모가 지속적으로 제공하지 못하는 것으로 정의된다. 또한 정서적·교육적 요구뿐만 아니라 필요할 때 적절한 의료를 제공하지 못하는 것도 포함한다. 만성적인 방임을 경험하는 가정의 대부분은 빈곤, 열악한 교육, 약물 남용, 해결되지 않은 부모의 외상, 정신 질환을 포함한 복잡한 문제에 직면해 있다(Jones & Logan-Greene, 2016).

정서적 학대는 정의하고 보고하기가 더 어렵다. 일반적으로는 욕설, 자신과 타인에 대한 위협, 무시하는 말, 아이에게 가치가 없다고 하기, 다른 사람 앞에서 아이에게 창피 주기뿐 아니라 처벌의 의미로 사랑과 애정을 보류하는 것이 포함된다. 또한 협박, 조종, 수용 거부를 포함할 수도 있다. 강압적 양육도 정서적 학대에 해당할 수 있는데, 특히 화가 나서 물건을 던지거나 문을 부수고, 벽에 구멍을 내거나, "내가 원하면 널 다치게 할 수 있어."라는 말로 아이를 위협하면서 폭력이나 학대 행동을 하는 것 등이다.

정서적이고 관계적인 학대는 부모-자녀의 애착 관계에 영향을 줄 뿐만 아니라 아동의 신경 발달, 자존감, 자아 감각에 지속적인 손상을 입힌다. 이런 보이지 않는 상처는 아동을 무방비 상태로 만들고, 적응적 방식으로는 스스로를 보호할 수 없게 만든다.

문헌 고찰

연구자들은 방임이 영아의 정신 건강, 애착, 신경 발달에 미치는 해로운 영향에 대해 오랫동안 알고 있었다. 영아기에 뇌는 빠른 속도로 발달한다. 그러나 지속적인 무시와 긍정적인 대인관계 경험 부족에 직면하게 되면 뇌는 과도하게 가지치기를 하게 되고 변연계와 변연계를 조절하는 뇌 부분 사이의 연결을 만드는 신경 경로를 성공적으로 발달시키지 못한다(Schore, 2001; [그림 9-1] 참조).

3세 아동

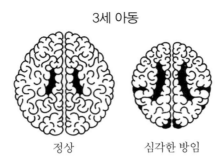

정상   심각한 방임

[그림 9-1] 방임된 아동의 신경 발달과 같은 나이의 건강하게 발달된 뇌가 대조된 그림. 만성적인 방임을 경험한 아동의 뇌는 넓은 영역에서 발달이 덜 됐거나 과도하게 가지치기 되어 어둡게 보이고 있다.

조율과 공동 조절의 경험이 부족한 부모는 종종 아동을 과잉 각성 상태에 놓이게 한다. 부모가 정서적으로 가용하지 않기 때문에 그들은 자녀를 세상으로부터 보호해 주지 못한다. 그들은 아기의 울음소리나 감정 표현에 대해 두려움이나 분노로 반응할 수 있다. 이러한 경험을 바로잡지 못하면 아동은 극심한 정서적 고통 상태에 빠진다. 이것은 미숙한 뇌의 생화학에 큰 영향을 미쳐 효과적인 대처 전략의 부족, 인지발달장애, 빈약한 애착을 초래한다. 초기 관계형 트라우마는 특히 우뇌의 발달적 특성과 사회적 환경에 대한 의존성 때문에 즉각적이면서 장기적인 영향을 미친다(Schore, 2001).

안정 애착된 영아-부모 관계에서 부모는 스트레스나 위협적인 자극에 노출되었을 때 자녀에게 조절 경험을 제공해 줄 수 있다. 부모는 다독이는 손길, 양육 그리고 달래는 말로 아기를 진정시키고 건강한 대처 반응을 촉진한다. 반대로 자신의 고통을 조절하지 못하는 부모는 자녀의 애착 추구 행동에 대해 위협적인 행동으로 반응하는 경우가 많다. 학대하거나 방임하는 보호자는 조절 경험을 제공하지 못하기 때문에 아동에게 장기간에 걸쳐 부정적인 영향을 미친다. 이 상태로 남겨진 아동은 위안이나 보호를 찾지 못하고 결국에는 애착 추구 행동을 멈춘 채 해리되는 것을 배우게 된다. 이렇게 하면서 그들의 신경생물학은 무감각하고 고통을 줄여 주는 상태로 유도하도록 변화하는데, 이것은 아동을 얼어붙게 하거나, 도움을 요청하기 위해 우는 것과 같은 감정적 반응을 억제하게 만든다(Kalin, 1993; Schore, 2001). 영아나 어린 아동이 일상생활의 고통과 상처로부터 자신을 보호하기 위해 지속적으로 해리되면 이것은 뇌에 신경 경로를 만들어서 두려움이나 위협을 느낄 때 투쟁-도피 반응을 취하는 대신 자동적으로 만성적인 부동화(immobilization) 상태에 머무르게 한다(Van der Kolk, 2015).

심각한 방임과 정서적 학대를 경험하는 가정에서 자란 아이들은 양육자에 대해 혼란 애착 유형을 발달시키기 쉽다(Schore, 2001). 연구에 따르면 학대 아동의 약 80%가 혼란 애착을 갖게 된다(Solomon & George, 1999). 이 놀라운 통계는 어린 시절의 경험이 얼마나 중요한지를 현실적으로 보여 준다. 학대받는 아동은 부모가 절실히 필요하지만 부모를 이용할 수 없는 상황을 일관되게 경험하는 역설에 휘말린다. 부모는 고통을 달래 주는 안전한 기지가 되는 대신, 아이에게 두려움과 고통을 주는 원인이 된다. 자녀가 스트레스나 두려움을 줄이기 위해 애착 추구 행동을 하면 부모는 자녀의 고통과 공포를 증가시키는 경고 행동을 한다. 이것은 아동이 안도감을 느끼고 조절 능력을 경험하는 것을 막는다. 변연계가 적절히 발달하지 못하기 때문에 아동의 이해력과 적응력은 현저히 저하된다. 그들은 위협이나 취약성에 대해 부적응적인 방식으로

반응하는 것을 그만둘 수 없을지도 모른다. 종종 아동은 얼어붙기
(freezing), 꼼짝하지 않기(stilling), 불안, 혼란, 방향 감각 상실, 두려
움과 같은 행동을 할 수도 있다(Main & Solomon, 1986; Zilberstein &
Messer, 2007).

초기의 유해한 경험들은 현재의 아동의 존재를 형성하고 그들의
정신 건강에 오랫동안 영향을 미친다. 이러한 아동이 성장하여 학
령기에 이르면 사회성, 대처 능력, 학습 능력, 공감 발달이 미숙한
경향이 있다. 그들은 주변 사람들을 위협적으로 인식하기 때문에
계속해서 과잉 경계 상태를 유지할 것이다. 또래나 교사와 애착 관
계가 형성되기 시작하면 집착과 지속적인 관심을 요구하는 등 적
절하지 않은 애착 추구 행동을 하다가 그다음에는 두려워하거나
공격적이 되거나 퇴행적인 행동을 할 수도 있다. 이것은 아동이 외
부 환경으로부터 매우 제한적인 사회적 지원을 받게 만든다.

개입

혼란 애착은 신경학적 문제들과 관련이 있기 때문에 아동이 새
로운 신경 경로를 발달시키고, 그들의 몸에서 일어나는 일에 대해
이해하고, 여러 가지 감정을 경험하고, (해리되는 학습된 행동과 정서
반응 대신) 일관된 연합을 이루도록 돕기 위해서는 경험적이고 표
현적인 놀이치료의 제공이 요구된다. 양육, 피난처, 안전함과 연합
될 수 있는 장난감 제공이 중요하며, 여기에는 장난감 음식, 담요,
다양한 의복, 가구와 장난감 가족이 포함된 인형의 집, 아기 인형,
젖병 등이 포함될 수 있다. 의료용 장난감(병원 놀이 세트, 반창고, 돈

보기 등)과 학교 장난감(연필, 종이, 책상, 작은 어린이 인형이나 피규어, 학교 건물, 스쿨 버스 등)은 아동이 외부 세계를 탐색하고 처리하기 위한 중요한 도구가 된다. 아동이 자신의 상처와 혼란을 행동으로 표출할 수 있도록 암묵적이고도 명시적으로 공격적인 놀이를 허용하는 것도 중요하다. 방패, 검, 밧줄, 칼이나 총을 포함한 장난감을 허용하는 것은 치유 여정에 중요할 수 있다.

감각 놀이, 모래 상자, 표현 예술은 강력한 감정을 이끌어 내는 동시에, 아동이 통제력을 유지하면서 몸의 감각과 감정을 분리하지 않은 채 그것을 조절하고 느끼도록 도와준다. 치료 초기 단계에서는 신체 조절 작업에 힘써서 해리가 발생하는 정도를 줄이는 것이 중요하다. 복합 외상을 입은 어린 아동을 대상으로 작업하는 것과 유사하게(제8장 참조) 임상가는 놀이치료실 내에서 안전감을 조성해야 하고, 부모와 자녀 간 애착 상처가 회복되기 전에는 관계 외상 작업을 서두르지 않도록 유념해야 한다.

나 인형, 너 인형

이 표현 예술적 개입법은 제시카 스톤(Jessica Stone) 박사의 놀이치료 개입법인 '나 인형'에서 변형되었다. 이 개입은 부모-자녀 관계와 애착을 증진시키기 위해 부모와 자녀가 함께 창작하고 공유하는 과정을 포함한다(Kaduson & Schaefer, 1997). 이 개입의 목적은 성인과 아동 모두 자아에 대한 표상을 만드는 것이다. 인형 안에 다양한 상징물을 채워 넣고 인형의 외모를 꾸미면서 내면적인 감정 상태는 물론 스스로 자신을 어떻게 바라보는지가 의식적으로 드러난다. 이 인형들을 사용하여 조율과 반영적 경청 기술을 연습할 뿐 아니라 관계 문제를 해결하는 데 사용할 수도 있다.

준비물

- 펠트(두 가지 색 이상)
- 자수용 실(세 가지 색 이상)
- 실(12cm 길이로 잘라 20개 정도)
- 실 세 가닥을 꿸 수 있을 정도로 큰 바늘
- 가위
- 솜뭉치
- 글루건

방법

① 인형의 몸체가 될 펠트의 색을 선택한다. 이것은 내담자가 자신을 바라보는 방식을 나타내는 것이기 때문에 여러 가지 색상 중에서 선택하도록 하는 것이 좋다. 마커를 사용하여 펠트 위에 진저맨 모양을 그린다. 똑같은 진저맨 모양 두 개를 만든다. 원한다면 온라인에서 다양한 인형 모양 템플릿을 찾을 수도 있다.

② 두 개의 펠트 인형 모양을 잘라 내어 겹쳐 놓는다. 내담자는 바늘과 자수실을 사용하여 인형의 몸체를 함께 꿰매되 속을 넣을 수 있는 공간을 비워 놓도록 한다. 필요한 경우 아동이 바늘에 실을 꿰도록 부모가 도울 수 있다. 이 활동 전반에 걸쳐 부모가 '도우미'가 되어 자녀에게 자원이 될 수 있는 능력을 발휘하도록 하는 것이 중요하다.

③ 바느질이 끝나면 내담자가 자신이 누구인지, 내면에서는 무

엇을 느끼는지, 그들이 경험하는 감정은 무엇인지, 그리고 신체 어느 곳에서 그러한 감정을 느끼는지 등을 표현할 수 있는 다양한 상징물을 고르도록 한다. 상징으로 쓰일 아이템을 수집하기 위해서 산책을 나가는 것도 좋은 방법이며, 이를 통해 다양한 재료를 얻을 수 있다.

④ 내담자들에게 다양한 아이템을 인형 안에 넣거나 접착제로 붙이거나 바깥쪽에 꿰매 놓으라고 한다. 솜뭉치나 충전재로 속을 채워 넣기 전에 인형 안에 아이템을 넣는 것이 중요하다. 각 아이템을 인형 안에 넣을 때와 인형 위에 붙여 놓을 때 내담자에게 어떤 의미가 있을지 탐색한다. 이때 떠오르는 다양한 생각과 감정을 처리하고, 전에도 이런 느낌을 가져본 적이 있는지 서로 공유하도록 한다.

⑤ 내부가 완성되었다고 느끼면 인형을 충전재로 가득 채우고 봉합하도록 한다. 내담자는 인형이 자기 자신을 가장 잘 표현한다고 느끼도록 자유롭게 장식할 수 있다. 그들은 펠트 혹은 다른 재료를 사용하여 옷을 만들어서 붙이거나 꿰맬 수도 있고, 얼굴 표정을 그리거나 바느질할 수도 있다. 또는 실을 사용하여 인형의 머리카락을 만들 수도 있다.

⑥ 인형을 완성한 후(이 작업에는 여러 번의 세션이 필요할 수도 있다.) 부모와 자녀는 인형을 만들면서 경험한 것에 대해 이야기한다. 내담자들은 이 인형이 어떤 점에서 그들이 누구인지 또는 그들이 되고 싶은 모습을 나타내는지 서로 공유한다. 그리고 나서 인형을 집으로 가져가거나 특별한 곳(치료실)에 두어 치료사와 함께 있도록 선택할 수 있다. 건강한 감정 표현, 양육, 적응, 공감 능력이 발달해 가면서 역할극과 인형 놀이에 사

용할 수 있도록 인형을 치료에 다시 가져가는 것이 중요하다.
⑦ 가족은 그들의 삶에 있었던 다양한 감정이나 사건을 나타내는
   여러 개의 인형을 만들 수도 있다. 이 과정에서 서로의 이야기
   에 대해 공감하면서 부모−자녀 간 이해와 의사소통을 증가시
   킬 수 있다. 이것은 특히 부모의 공감 능력을 발전시킨다.

📋 사례   >>>>>

　　레베카는 최근 학교 상담사로부터 외래 놀이치료에 참여하라는 권
유를 받았다. 그녀의 가족은 나라를 가로질러 이사했다. 레베카는 고향
을 떠날 때 친구와 친척들에게 작별 인사도 제대로 하지 못했고, 새로
운 학교에 잘 적응하지 못했다. 레베카는 종종 전날과 같은 옷을 입고
학교에 왔다. 가끔은 전날 낮에 배변이나 배뇨 사건으로 인해 더러워진
옷을 입고 학교에 올 때도 있었다. 반 학생들은 레베카를 '스멜리 멜리'
라고 부르거나, 레베카의 세균이 온 교실을 오염시키고 있다고 놀리기
도 했다.

　　그녀의 가족 담당 목사는 새로운 집과 사회적 환경에 정착하기 위
해 부모가 참석하는 조건으로 상담 비용을 지불하기로 동의했다. 초기
면접에서 레베카의 부모는 그들이 전에는 안정된 가정을 꾸렸으나 이
후 여러 차례 이사를 했고, 다양한 가족 구성원과 함께 살았다고 밝혔
다. 그녀의 아버지는 꿈을 좇아 제빵사가 되기로 결심하기 전까지는 꾸
준히 일하였다. 그는 공식적인 훈련이나 경험은 없었지만 빵 굽는 것을
좋아했고 사업가가 되고 싶다고 말했다. 아버지의 취업이 유일한 경제
적 자원이었던 가족은 순식간에 혼란에 빠졌고, 집을 잃었고, 이사해야
했다. 하지만 몇 달 되지 않아 가족의 내외부 자원은 한계에 다다랐다.

　　이 기간 동안 레베카는 종종 친숙하지 않은 다양한 대가족 구성원과
함께 방치되었다. 가장 최근의 이사로 인해 그들은 가족 관계와 지원

으로부터 멀리 떨어지게 되었다. 레베카의 아버지는 쿠키 공장에 취직하여 야간 근무를 했고, 어머니는 동네 식료품점에 일자리를 얻어 이른 아침부터 밤까지 일했다. 이것은 가족에게 재정적으로는 긍정적 변화를 가져왔지만 여전히 가족은 생계 유지가 어려웠고, 함께 모일 수 없었으며, 레베카는 낮 동안 잠든 아버지 곁에 혼자 남겨지곤 했다. 레베카는 숙제를 하고 시간에 맞춰 학교에 가는 것을 스스로 해내야 했다.

　첫 놀이치료를 위해 도착했을 때, 레베카는 눈에 띄게 더러운 옷을 입고 있었다. 그녀는 며칠 동안 씻지 않은 것이 분명했다. 그녀의 머리는 헝클어진 채 얼굴 위로 늘어져 있었다. 그녀는 거의 눈을 마주치지 않았지만 과경계 상태로 방 안을 끊임없이 훑어보고 있었다. 대조적으로, 그녀의 어머니는 비록 근무복을 입었지만 깨끗한 옷차림에 화장을 하고 머리를 멋지게 뒤로 올린 채 나타났다. 아버지의 외모는 약간 흐트러져 있었고 육체적으로 지쳐 보였다. 그는 눈 밑이 어두웠고 지나가는 말로 자신은 여기 있지 말고 자야 한다고 했다. 치료사는 가족을 놀이치료실로 초대하고 놀이치료를 소개하기 시작했다. 레베카의 아버지는 치료사를 방해하며 "우리 아이가 바지에 똥을 싸지 않도록만 하면 됩니다. 맞지, 멍청이?"라고 떠들썩하게 웃으며 말했다. 레베카가 고개를 숙이고 손가락을 씹는 동안 그녀의 어머니는 킥킥거렸다. 치료사는 부드럽게 아버지를 집중시키고 레베카와 그녀의 부모와 함께 놀기 위한 시도를 시작했다.

　부모가 긍정적인 양육 방법에 대해 도움을 받고 자녀의 행동과 애착 요구에 대해 이해하는 것이 필요하다는 것은 부모-자녀 치료 작업 전에 이미 결정되었다. 부모는 배변 및 배뇨 행동과 조절장애의 기저에 있는 애착 문제를 이해하고 이를 회복하기 위해 치료사와 함께 작업할 뿐만 아니라 양육 모임에도 참석하기로 동의하였다.

　그 후 몇 주, 몇 달 동안 레베카의 아버지는 꾸준히 출석하는 데 어려움을 겪었다. 그는 중대한 위기나 행동상의 문제가 있을 때만 치료 회기에 참석했다. 하지만 그녀의 어머니는 매번 치료와 양육 세션에 참석했고, 시간이 지나자 자신이 어렸을 때 겪은 학대와 방임 경험에 대해 털어놓기 시작했다. 레베카의 어머니는 레베카가 집에서 살고는 있지만 양육과 조율이라는 핵심 요소가 빠져 있기 때문에 자신이 겪은 것과 감정적으로 비슷한 일을 겪고 있다는 것을 인식하지 못하고 있었다. 그녀는 딸이 겪어 온 일들에 대해 분노와 자책뿐만 아니라 엄청난 슬픔과 수치심을 느꼈다. 레베카의 어머니는 가치와 사랑에 대한 내적 작동 모델 작업을 하면서 양육에 대한 자신감을 높여 갔다. 그녀는 레베카에게 양육을 제공할 수 있었고, 레베카가 부적응적 대처 반응을 보일 때 '알아차릴 수'있게 되었다. 하지만 그녀의 남편은 이러한 긍정적 양육 방식에 동의하지 않았고 아내와 함께 이러한 기술을 배우는 것을 거부했기 때문에 부부간에 상당한 갈등이 야기되었다.

　개인 놀이치료를 하는 동안 레베카는 인형의 집에 매료되었다. 치료 초기 단계에서 그녀는 치료 회기의 대부분을 만족할 때까지 가구를 배치하고 정리하는 데 보냈다. 그녀는 서랍을 인형 옷으로 채우고 부엌에는 접시, 음식, 음료를 놓았다. 또한 장난감, 책, 그리고 그네, 시소, 미끄럼틀 같은 야외 놀이 장난감으로 가득 찬 정교한 놀이 공간을 만들곤 했다. 흥미롭게도, 그녀는 어떠한 인형도 집 안에 두지 않았다. 레베카는 인형들을 크기, 민족 그리고 나이에 따라 정리하고 집 밖에 일렬로 바닥에 눕힌 후 키득거리며 높은 톤의 찍찍거리는 소리를 냈다. 레베카는 치료사와 거의 이야기를 나누지 않았지만 치료사가 가까이 앉아 있는 것을 불편해하지 않았다. 치료사는 아동 중심 놀이치료를 활용하였고 그녀의 장난감 선택과 놀이 과정을 말로 설명해 주면서 그녀의 놀이를 따라갔다.

　이런 놀이 패턴이 몇 주 동안 반복된 후, 레베카는 치료사를 올려다보며 말했다. "이제 가족이 안으로 들어올 준비가 된 것 같아요." 그녀의 놀이는 소수의 선택된 인형만이 집 안에 들어가고 항상 몇몇 인형은 집 밖에 두는 가족 환경을 만드는 것으로 바뀌었다. 그 후 몇 주 동안, 치료사는 레베카의 허락을 받아 어머니를 천천히 놀이방에 소개했다. 레베카의 어머니는 두려움과 취약함을 드러냈고 그곳에 함께 있는 것에 매우 불편함을 느끼는 것이 분명했다. 레베카는 어머니 맞은편에 앉아서 놀이치료사가 전에 그녀에게 해 준 말을 그대로 따라 했다. "엄마, 여기는 엄마가 느끼고 걱정하는 것으로부터 안전한 곳이에요. 그래서 여기서 하는 일들은 힘들지만 좋은 거예요." 그들은 눈을 마주쳤고 처음으로 조율의 순간에 들어갔다.

애착 패턴의 구조를 바꾸는 데는 수개월이 걸렸다. 레베카의 어머니는 과거의 상처를 해결하고 복구하는 데 전념했다. 그들은 종종 긍정적인 단계를 밟고 나서 다시 부적응적 패턴으로 퇴보하곤 했지만 매주 함께 참석하는 것을 계속했다. 천천히, 레베카의 내적 세상은 이치에 맞기 시작했고, 조율의 순간을 경험했으며, 보다 안정적이고 일관된 양육을 경험하면서 배변 및 배뇨 이슈가 사라지기 시작했다. 그녀의 어머니는 규칙적인 목욕과 개인 위생의 중요성에 대해 배웠고 딸의 개인 위생이 향상되도록 노력했다. 이것은 레베카의 학교 생활을 극적으로 변화시켰다. 그녀는 더러운 옷을 입거나 불결하다는 이유로 다른 아이들에게 놀림을 받지 않게 되었고, 이것은 그녀의 자존감과 수용, 가치를 높이는 데 도움이 되었다.

자신의 세상이 무너졌다는 느낌이 줄어들면서 레베카는 천천히 인형 집에 인형을 추가했다. 남은 인형은 성인 남성이었다. 그것은 큰 근육과 굳은 미소를 가진 켄 바비 인형이었는데, 얼굴 표정 일부가 닳아 눈이 어떻게 생겼는지 가늠하기 어려웠다. 그는 쉴 곳이나 먹을 것 없이 계속 밖에 버려졌다. 조금씩, 레베카는 놀이에서 아버지에 대한 감정과 정서적 경험을 탐색하기 시작했다. 그는 큰 목소리와 떠들썩한 성격으로 그녀를 놀라게하곤 했다. 레베카의 눈에 아버지는 예측할 수 없는 무서운 존재였다. 때로는 친근하고 재미있었지만, 때로는 화를 내며 소리지르고 폭발하기도 해 그녀를 겁먹게 했다. 육체적으로 학대하지는 않았지만 그는 레베카와 어머니에게 매우 모욕적이었다. 화가 나면 그는 벽에 구멍을 내거나 물건들을 던졌다. 한번은 레베카의 '무례한 행동'에 화가 나서 벌을 주기 위해 레베카의 장난감을 모두 쓰레기통에 버렸다. 애초에 장난감이 거의 없었기 때문에 이것은 그녀에게 엄청난 충격이었다(그녀의 어머니는 레베카가 가지고 자던 가장 좋아하는 곰을 몰래 가져다주었는데, 이것이 그녀에게 남은 유일한 장난감이었다).

이 사건 이후, 레베카의 아버지는 상담을 받기로 동의했다. 그는 자신의 행동과 이 사건이 가족에게 끼친 영향에 대해 후회를 드러냈다. 그는 레베카에게 새 장난감을 사주고 그의 아내에게 꽃을 가져다줌으로써 회복을 시도했다. 하지만 지난 몇 년 동안의 격변과 누적된 사건들로 레베카는 이미 상당한 손상을 입은 상태였다. 그는 왜 딸이 자신에게 그렇게 거리를 두고 자신이 사 준 장난감을 가지고 놀지 않는지 이해할 수 없었다. 그는 자신이 다가가면 레베카는 움츠러들고 그의 아내는 그에게 말을 걸지 않는다고 말했다. 그가 위기에 처했기 때문에 매주 세 번 회기에 참석했지만, "다 잘 되고 있어요, 박사님. 우리는 더 이상 치료 서비스가 필요하지 않습니다. 목사님은 이 일에 대한 모든 비용을 지불했고, 우리는 다시 돌아오지 않을 겁니다."라고 알린 후 오지 않았다. 그는 무료라는 조건을 달고 마지못해 딸의 종결 회기를 허락했다.

종결 회기에서 레베카는 처음에는 매우 냉담하고 피상적으로 참여했다. 치료사가 치료가 끝나는 것에 슬픈 감정을 표현하고 레베카에게 보고 싶을 것이라고 말하며 건강한 상실감과 감정 표현을 모델화하여 보여 주자 레베카는 눈시울을 붉히며 치료사를 감싸 안았다. 레베카의 어머니는 딸을 팔로 감싸 안고 위로해 주었다. 그들은 레베카와 함께했던 치료 여정을 담은 기록책을 만들었다.

가족의 통합

　다른 유형의 트라우마와 마찬가지로, 방임과 정서적 학대는 부모가 자녀와 더 건강한 방식으로 관계를 맺을 수 없다면 애착 시스템에 심각한 애착 상처와 훼손까지 일으킬 수 있다. 해결되지 않은 트라우마나 방임 경험이 있는 부모는 자신의 행동과 감정 표현을 부적응으로 인식하고 자녀의 감정과 정서를 보듬어 주는 환경을 조성하는 데 엄청난 어려움을 겪을 수 있다. 그러나 가족 체계 내에서 변화와 치유가 일어날 기회를 갖기 위해서는 치료 과정에 부모를 참여시키는 것이 중요하다.

　부모들과 개별적으로 그리고 커플로 작업하는 것이 그들의 애착에 대한 능력을 평가하고 조율 기술, 정서 지능, 의사소통 기술을 배우도록 돕는 데 적절할 수 있다. 부모는 힘든 시기 동안 발생하는 부정적 상호작용을 변화시키기 위해 긍정적이고 강점에 기반한 양육 기술을 배울 필요가 있다. 많은 부모가 과거 방임과 학대의 피해자이기 때문에 무엇이 방임과 정서적 학대를 구성하는지에 대한 심리교육이 필요할지도 모른다. 그들은 자신의 일관되지 않거나 처벌적인 양육이 자녀의 부적응 행동에 어떻게 기여하는지 인식하거나 이해하지 못할 수 있다. 레베카의 부모와 같이 많은 부모가 학대적인 양육 관행을 반복하고 있기 때문에, 자녀들이 성장하거나 변화하려고 노력할 때 그들의 정서적 또는 애착적 욕구를 충족시키지 못하고 있다는 이해나 인식도 없었다.

　부모가 자신의 정서적 경험을 관리하는 법을 배울 수 있게 되면서 자녀의 정서적 경험도 더 잘 관리하고 이해할 수 있게 된다. 치료는 선형적인 과정이 아니며, 변화는 오래 걸리고 두렵고 취약한 과정이 될 수 있기 때문에 치료사는 유연하고 적응적이어야 한다. 부모는 자녀에게 안전한 피난처와 안전한 기지를 제공해 주기 위해서 치료사와 함께 스스로 그러한 경험을 할 필요가 있다.

　일단 치료사가 아동과 부모 모두 2인 작업을 할 준비가 되어 있다고 평가하면, 관계 내에서 일어났던 트라우마를 다루기 전에 조율, 정서적 연결 그리고 안전을 구축하고 강화하는 데 초점을 맞추는 것이 중요하다. 만약 정서적 학대나 방임이 지속되고 있다면 가족치료는 아동에게 최선이 아니다. 이러한 관계 기술은 부모와 자녀 사이에서 발전시켜야 하기 때문에 그들 사이의 정서적 경험을 교정하는 것으로 작업을 시작하는 것이 중요하다. 규범적인 놀이 기반 개입을 활용하여 공동 조절을 가르치고, 생각과 감정을 건강하게 표현하는 방법을 가르치는 것은 물론, 아동의 경험을 확인하는 방법을 배우는 것은 애착 요구의 중요한 열쇠이다. 부모에게 양육 기반 활동을 가르치는 것 또한 매우 중요하다. 서로 옆에 앉고, 이야기를 읽고, 스킨십과 신체적 애정 표현을 할 때 편안하게 느끼는 방법을 배우는 것은 부모 입장에서 매우 중요한 애착 행동이다. 치료놀이(Theraplay™) 개입은 부모와 자녀가 보다 친밀하게 애착 형성 기술을 배우면서 재미있게 참여할 수 있기 때문에 이 단계에서 특히 효과적일 수 있다.

　안타깝게도, 레베카의 이야기는 아동 학대와 방임이 일어나는 가정에서 흔한 것이다. 많은 경우 치료 과정에 기꺼이 참여하고 자신의 행동과 양육을 바꿀 수 있는 부모는 한 명이고 파트너는 이를 거부하곤 한다. '저항'이라고 불리는 거절하는 부모는 그들 자신의 신경적 손상으로 인해 그리고 학대와 트라우마가 그들의 뇌에 미친 영향 때문에 실제로 변화하는 것이 불가능할 수도 있다(그렇다고 자녀의 복지와 행복에 대한 부모의 책임을 무시하는 것은 아니다). 임상가는 이러한 문제를 인식하고 신경생물학 및 가족 관계에 대한 지식을 발전시키는 것이 필요하다.

아동의 치료에 부모 한 명만 참여하게 되면 가정과 부모 관계 내에서 갈등을 일으킬 수 있으므로 치료사는 이를 염두에 둘 필요가 있다. 가족의 외적 지원 시스템을 평가하여 가족의 내적 관계 강화에 활용하는 것이 중요하다. 또한 치료에 참여하는 부모와 자녀의 관계가 강화되면서 참여하지 않은 부모와의 관계가 나빠지지 않도록 주의해야 한다.

애착과 양육 문제를 다루기 위해 정서적으로 관여할 수 있으려면 먼저 가정의 기본적인 물리적 욕구(음식, 쉼터 그리고 고용을 포함)가 해결되어야 하며, 이를 위해 전방위적 서비스가 필요할 수 있다. 가정 내 양육 코칭은 부모에게 일관성과 적절한 결과를 제공하는 방법, 어려운 정서와 경험들을 관리하는 새로운 방법들을 가르치는 데 큰 도움이 될 수 있다.

정리

정서적 학대와 방임의 형태로 트라우마를 경험한 가족과 함께 작업하는 것은 특히 어려울 수 있다. 수년간의 만성적인 학대로 인한 보이지 않는 상처는 아동의 발달 초기에 신경학적 손상을 줄 수 있을 뿐만 아니라 일생에 걸쳐 관계 및 대인 관계에 애착 상처를 일으킬 수 있다. 치료사는 전체론적·체계적·통합적으로 가족에게 접근함으로써 가족 안에서 밖으로, 가족 밖에서 안으로 작업할 수 있어야 하고, 외적 및 내적 자원을 활용하여 가족의 지지와 일관성 및 양육 능력을 높일 수 있어야 한다.

　놀이치료는 가족이 함께 의미 있는 중재에 참여할 수 있기 때문에 안전한 피난처와 안전한 기지를 경험할 수 있는 기회를 제공한다. 놀이치료사는 치료적 관계와 놀이치료실 내에 안전을 만들어 냄으로써 일관성, 무조건적인 긍정적인 언어, 적절한 애정 표현, 공동 조절과 같은 건강한 애착 기술을 반영할 수 있다. 놀이치료를 통해 가족이 서로 관계를 맺는 새로운 방법을 배울 수 있고 애착 상처를 회복할 수 있기 때문에 부모-자녀 관계 내에서 치유와 회복이 일어날 수 있다.

참고문헌

Jones, A. S., & Logan-Greene, P. (2016). Understanding and responding to chronic neglect: A mixed methods case record examination. *Children and Youth Services Review, 67*, 212-219.

Kaduson, H., & Schaefer, C. E. (1997). *101 Favorite play therapy techniques*. Lanham, MD: Rowman & Littlefield Publishers Inc.

Kalin, N. H. (1993). The neurobiology of fear. *Scientific American, 268*(5), 54-60.

Main, M., & Solomon, J. (1986). Discovery of an insecure-disorganized/disorientated attachment pattern: Procedures, findings, and implications for the classification of behavior. In T. B. Brazelton & M. W. Yogman (Eds.), *Affective development in infancy* (pp. 95-124). Norwood, NJ: Ablex.

Schore, A. N. (2001). The effects of early relational trauma on right brain development, affect regulation, and infant mental health. *Infant Mental Health Journal, 22*(1-2), 201-260.

Solomon, J., & George, C. (1999). *Attachment disorganization.* New York, NY: Guilford Press.

Van der Kolk, B. A. (2015). *The body keeps the score. Brain, mind, and body in the healing of trauma.* New York, NY: Penguin Books.

Zilberstein, R., & Messer, E. A. (2007). Building a secure base: Treatment of a child with disorganized attachment. *Clinical Social Work Journal, 38,* 85-97.

제**10**장

놀이치료에 부모 초대하기

들어가기

앞서 제2장에서 설명한 바와 같이, 애착 기반 놀이치료(ACPT)는 아동을 따로 보기보다는 가족 시스템의 일부로 보는 전체적인 관점을 취하는 통합적인 놀이치료 모델이다. 가족 전체가 내담자로 간주되며, 자녀의 치료 여정에 부모를 포함시키는 것이 최종적인 변화와 치유를 만드는 데 있어 매우 중요하다. 지금까지 이 책의 각 장에서 우리는 놀이 경험에 가족을 참여시키는 것이 부모와 자녀의 애착 관계에 어떻게 도움이 될 수 있는지에 대해 탐색하였다. 이 장에서는 가족(특히 부모)을 실제로 놀이치료실에 불러들여 치료에 참여하도록 만드는 과정에 대해 이야기하고자 한다.

문헌 고찰

놀이치료에 부모를 참여시키는 것이 그렇게 중요하다면, 왜 어떤 부모들은 전적으로 관여하는 대신에 단지 '참관자'가 되는 것을 선택하는가? 왜 어떤 사람들은 그것을 피하거나 시간을 내지 않는가? 놀이치료사로서 다년간의 경험을 통해, 나는 몇몇 부모가 (의식적이든 아니든) 자녀의 놀이치료에 완전히 관여하기를 거부하게 만드는 몇 가지 중요한 장벽과 이유를 발견했다.

첫째, 아동의 감정 및 행동 문제를 해결하기 위해 놀이치료에 올 때쯤이면 부모는 거의 항상 감정적으로 그리고 육체적으로 지쳐 있다. 아이들을 키우는 데에는 많은 에너지가 필요하며, 현저한 행동 문제가 있는 자녀와 함께하는 것은 당연히 더 소모적일 수 있다. '아이를 사랑하지만 더 이상 좋아하지는 않는다'는 후렴구를 듣는 것은 흔한 일이며, 특히 행동적 분노 폭발이 가족 구조의 일부가 된 지 얼마 안 된 경우에는 더욱 그렇다. 일부 부모는 몇 달 동안 심리치료를 제외한 모든 방법을 시도해 왔거나, 몇 년간 가족 관계와 자녀의 행동에 변화를 만들어 내기 위해 노력해 왔을 수 있다.

반복된 실패에 대한 실망은 좌절감, 분노, 심지어 절망감을 가져올 수 있다. 어떤 부모들은 치료가 자녀에게 영구적인 변화를 가져올 것이라고 거의 믿지 않는다. 치료가 효과가 있다고 진정으로 믿지 않는 부모라면 그 과정에 완전히 참여하기는 어려울 것이다. 꽤 자주 그들은 한계에 다다르게 되고, 많은 부모가 놀이치료를 자녀가 변화할 수 있는 마지막 기회로 여긴다. 어떤 경우에는 마지막 선택이라는 생각이 그들로 하여금 치료에 참여하고 진지하게 받아들이도록 고취시킬 수 있다. 하지만 슬프게도 다른 부모들은 과거의 좌절과 부정적인 경험에 의해 의욕을 상실하고 환멸을 느끼며, 이것이 치료에 대한 그들의 동기와 헌신에 부정적인 영향을 미친다.

부모-자녀 간의 빈약한 애착과 함께 정서적·행동적 어려움이 있었던 가정에서는 부모와 자녀가 거부-거부 애착 패턴을 발달시킬 수 있다. 이것은 전형적으로 부모가 자녀를 안아 주려고 손을 뻗었는데 자녀가 돌아서거나 멀어지는 경우처럼 거절당하거나 거부당한 느낌에 대한 무의식적인 반응으로 시작된다. 부모는 자신이 사랑받을 만하지 못하며, 실제로 사랑받지 못하고 있다는 신념 혹은 수치심과 같은 취약성을 느낀다. 만약 이 사건이 수치심과 거절에 관련된 과거의 경험을 촉발한다면 부모는 위축되고 자녀가 힘들어할 때 애정이나 위로를 주는 것을 멈추게 된다. 이것은 다시 아동으로 하여금 수치심, 거부감, 고립감을 경험하게 하여 정서적으로 더 후퇴하게 만든다. 수 존슨(Sue Johnson, 2013) 박사는 뛰어난 언변으로 다음과 같이 적었다. "사랑이 사그러들기 시작할 때, 실제로 사라지는 것은 조율과 그것에 수반되는 감정적 반응이다. 반응이 줄어들면서 파트너들은 더욱 취약해지고, 정서적 연결에 대한 요구는 더 절실해진다."(p. 185) '파트너'라는 단어를 부모나 가족으로 맞바꾸면 일차적 애착 관계의 맥락에서 의미가 깊어진다. 취약성이 발생할 때 종종 일어나는 일은, 우리가 절실하게 연결되고 위로를 받고 싶어 하는 사람들로부터 더 큰 상처를 받게 될까 봐 스스로를 보호하려고 하는 것이다. 우리는 갑옷을 입은 기사가 되어 우리에게 다가오는 어떤 상처도 막으려고 한다. 불행하게도, 가족 안에서도 갑옷을 입은 채 방어는 그대로 유지되고, 우리의 애착 욕구와 애착 추구 행동은 멈춰 버린다.

일부 부모로 하여금 (신체적 그리고/혹은 정서적으로) 자녀와 거리를 두게 하는 가장 강한 감정 중 하나는 수치심이다. 저명한 사회연구자인 브레네 브라운(Brené Brown) 박사는 수치심을 주제로 다양한 연구를 하고 많은 책과 기사를 출판했다. 그녀는 수치심을, 자신이 사랑받을 가치가 없다고 믿는 매우 고통스러운 감정과 내면의 경험으로 정의한다(Brown, 2012). 수치심과 죄책감은 흔히 혼용되는데, 그녀는 이 둘에 근본적인 차이가 있다고 지적한다. 죄책감은 우리의 행동이 우리의 가치관이나 원하는 결과에 미치지 못한다는 인식이고, 수치심은 우리 자신이 실수라고 말하는 것이다. 죄책감은 불편한 감정이지만 더 나은 것을 추구하는 긍정적인 행동을 하도록 자극하는 데 비해 수치심은 정서적 단절을 낳고 우리의 관계와 개인적 성장을 방해한다(Brown, 2012).

불행하게도, 해결되지 않은 수치심은 치료 중인 아동의 부모들에게 흔한 경험이다. 이들은 강한 실패의 감정을 경험하며, 자녀의 행동이나 정서적 어려움을 '고치지' 못했기 때문에 자신은 '좋은' 부모가 아니라는 뿌리 깊은 믿음을 가질 수도 있다. 한 예로, 자녀가 공공장소에서 분노 폭발을 하거나 떼를 쓸 때마다 부모는 수치심과 당혹감을 경험할 수 있는데, 이는 단지 자녀의 행동 그 자체 때문이 아니라 구경꾼들이 자신을 형편없는 양육자로 생각할 것이라고 믿기 때문이다. 정신 건강 전문가들은 자녀를 위해 치료를 선택하는 것을 의심할 여지 없이 용감하고 용기 있는 것으로 보는 반면, 일부 부모는 그것을 무능함의 신호로 본다. 게다가 이 수치심은 자녀가 그들을 향해 비난을 퍼붓거나, 사랑을 철회하거나, 혹은 그들이 부모의 역할을 잘 하지 못하고 있다는 두려움을 확인하는 것처럼 보이는 방식으로 행동할 수 있기 때문에 더 심각해질 수 있다.

그렇게 되면 수치심은 부모를 아이로부터 멀어지게 만들게 되고, 이것은 그들이 그토록 고치고 싶어 하는 애착 유대에 긴장감을 더하게 된다. 이것은 다시 부모와 자식 양쪽이 차례로 서로를 배척하면서 더 멀어지게 하는 건강하지 못한 관계의 순환을 만들어 낸다. 여기에 또 다른 고통스러운 애착 상처나 부모가 가지고 있는 과거의 관계 문제가 더해지면 수치심은 스스로 고조되고 자라나게 되며, 이것이 얼마나 독이 될지는 쉽게 알 수 있다.

수치심에 대한 브라운 박사의 문화비교 연구는 또 다른 근본적인 심리적 구조인 **취약성**(vulnerability) 개념에 기반을 두고 있다. 취약성은 불확실성, 위험 그리고 정서적 노출을 의미한다. 그것은 성공의 보장 없이 당신의 마음을 내맡기는 것을 의미하며, 당신이 다칠지라도 마음을 여는 것을 의미한다. 브라운 박사는 다음과 같이 말한다. "우리가 매일 직면하는 취약성은 선택 사항이 아니다. 우리가 선택할 수 있는 것은 관여의 정도이다. 취약성을 인정하고 함께 가져가고자 하는 우리의 의지가 우리 용기의 깊이와 목적의 명확성을 결정한다"(Brown, 2012). 취약성은 (우리를 성장과 연결의 기회로부터 차단하면서) 우리 자신을 끊임없이 보호하려고 애쓰는 것에만 집중하게 만드는데, 이것은 취약성을 나약함이라고 생각하는 문화적 신념에 기반한 것일 수 있다. 어떤 이들은 철저한 독립성이 강함을 나타내며 인간성을 드러내는 어떠한 징후나 도움을 필요로 하는 징후, 혹은 불완전함은 나약함의 표현이라고 생각한다. 하지만 사실 취약성은 진정한 용기이다. 그것은 우리가 결과를 보장할 수 없지만 기꺼이 위험을 감수하고 용기를 내겠다는 뜻이다. 또 다른 오해는 우리가 취약성을 자유롭게 선택할 수 있다는 것이다. 우리 중 일부는 위험을 감수하지 않기로 선택할 수 있지만, 살아 있다는 것은 취약해지는 것이다. 그것을 완전히 피할 수는 없다.

치료는 취약성을 드러내는 것이다. 우리는 내담자에게 그들의 가장 깊은 두려움, 고통, 희망에 대해 털어놓도록 요청하지만, 그들이 치료 중에 있다는 사실 자체가 감정을 표현하거나 경험을 처리하기 어려워한다는 것을 의미한다. 또한 우리는 그들과 관계를 형성하고 신뢰감을 키우기 위해 노력하지만, 본질적으로 그것은 그들에게 낯선 사람에게 마음을 열어 달라고 요구하는 것이다. 놀이치료실에 있는 장난감과 미술 용품이 일부 내담자에게는 감정적 노출을 최소화하도록 도움을 주는 완충 장치가 되지만, 어른들에게는 장난감과 상호작용하는 것이 유치하고 바보 같아 보이거나 그들이 느끼는 취약성을 증가시킬 수 있다. 놀이를 통해 그들의 생각과 감정을 만들어 내는 것은 그들이 예상했던 것보다 더 깊은 수준의 취약성을 드러낼 수 있고, 이것은 수치심, 압도감, 당혹감, 두려움의 감정을 촉발시킬 수 있다.

취약성과 수치심은 본질적으로 함께 연결되어 있다. 망설이는 부모들을 놀이치료에 참여하도록 독려할 때, 아이러니하게도 치료가 수치심을 치유할 수 있다고 설명하는 것이 도움이 된다. 하지만 이것은 처음부터 부모가 취약해지기로 마음을 먹을 때에만 해당된다. 기회를 잡으려면, 그 과정을 신뢰하고 (처음에 약간 불편함을 느끼더라도) 진지하게 치료를 받기로 선택해야 한다. 본질적으로 수치심은 누구나 경험하는 것이고, 우리가 그것에 대해 이야기하는 것을 즐기지 않지만 수치심에 대해 이야기할 수 있을 만큼 취약해짐으로써 수치심은 훨씬 다루기 쉬워지고, 경우에 따라서는 소멸되기도 한다.

브라운 박사는 수치심에 대한 해독제는 공감이며, 건강한 애착 유대는 둘 이상의 개인 간에 서로 공감하는 것이라고 말한다 (Brown, 2012). 강하고 안전한 관계를 발전시키는 것은 우리의 정신과 과거의 애착 관련 트라우마를 치유할 수 있다. 가족 간의 유대감을 회복하기 위해 작업하는 것은 아동뿐 아니라 부모에게도 도움이 된다. 이것은 부모의 과거 경험으로 인한 트라우마를 완화하는 것이 아동의 책임이라는 것을 의미하는 것은 아니며(이것은 어린 어깨가 짊어지기에는 불공평한 짐이다), 애착 기반 놀이치료가 주로 아동을 돕기 위한 것일지라도 모든 가족 구성원에게 매우 유익할 수 있다는 것을 전달하고자 함이다.

많은 부모는 안전하게 애착된 양육 방법과 경험을 보여 주는 명확한 로드맵이 부족하기 때문에 양육 및 자녀와의 관계 형성에 어려움을 겪는다. 아동 내담자에게 사용되는 양육 스타일의 유형을 평가하는 것이 중요한데, 이것은 애착 관계의 강도와 직접적인 상관관계가 있다(DeHart, Pelham, & Tennen, 2006). 권위적 양육(authoritative parenting)은 자녀에게 명확하게 정의된 경계와 행동에 대한 기대뿐만 아니라 사랑과 정서적 지지를 제공한다. 권위주의적 양육(authoritarian parenting)은 전형적으로 위협, 비판 그리고 처벌을 수반하며 자녀에 대해 보다 징벌적인 접근을 하는 경향이 있다. 권위주의적 접근법을 사용하는 부모들은 감정적인 지원과, 사랑과 양육의 외적인 표현에 어려움을 겪는다. 허용적 양육(permissive parenting)은 행동에 대한 규칙과 기대가 거의 없는 경향이 있으며, 이러한 양육 방식을 채택한 부모들은 자녀에게 애정 어린 경향이 있지만 자녀의 행동과 정서적 반응을 조절하는 데 어려움을 겪는다. 치료사는 가정 환경 내에서 일어나는 일뿐만 아니라 가족이 직면하고 있는 치료적 욕구도 평가해야 하기 때문에 부모가 자녀에게 어떻게 반응하는지는 중요하다.

빈곤, 공동체 폭력, 사회적 박탈감, 무력감 등도 자녀의 고통을 인식하거나 공동 조절하는 부모의 능력에 영향을 미칠 수 있다(Goodman, 2010). 부모의 외상 이력은 부모와 자녀의 관계와 애착에도 직접적인 영향을 미칠 수 있기 때문에 이에 대한 평가는 매우 중요하다. 진행 중이거나 해결되지 않은 이러한 트라우마는 아동의 위로와 안락함에 대한 필요 그리고 독립성과 자율성에 대한 필요 모두를 편안하게 느끼는 부모의 능력에 영향을 미칠 수 있다. 정신적 충격을 받은 부모는 자녀의 애착 추구 행동을 공격이나 위협으로 오해하여 자기도 모르게 자녀에게 무서운 방식으로 반응할 수 있다(Goodman, 2010). 부모가 아동의 놀이치료에 참여하기 전에 개별 상담을 통해 이런 문제를 먼저 다루어야 할 수 있으며, 지지적인 양육 프로그램을 추천하는 것도 매우 도움이 될 수 있다.

마지막으로, 부모들이 놀이치료 과정에 완전히 참여하는 것을 망설이는 추가적인 이유는 그것이 단순히 불편할 수 있기 때문이다(다시 한번, 취약성의 개념과 기꺼이 마음을 털어놓는 것에 대해 상기해 보자). 놀이치료실에는 분명 즐거운 순간과 놀라운 '발전'의 순간이 있지만, 털어놓거나 다루고 싶지 않은 추억, 경험, 생각, 기분도 있다. 다시 말해, 어떤 부모들은 아이들이 하는 것과 같은 이유로 치료를 거부한다. 그것은 '이상해' 보일 수 있고, 때로는 매우 고통스러울 수 있다. 이것이 치료사가 내담자들을 치료 과정 속으로 편안하게 이끌고, 천천히 시작하며, 안전하고 정서적으로 진정시키는 환경을 만들어야 하는 또 다른 이유이다. 이러한 것들은 치료의 '힘든' 부분에 맞설 수 있는 완충제가 될 수 있다.

부모를 놀이에 초대하기

부모들은 장난감을 가지고 노는 것만으로 어떻게 그들의 문제가 해결되거나(대부분의 아동 임상가는 이 질문이나 언급을 많이 들어 봤을 것이다!) 그들의 자녀가 트라우마나 정서 및 행동 장애로부터 치유될 수 있는지 이해하지 못할 수도 있다. 부모들은 환상과 놀이가 어린 시절의 언어이고, 아동은 놀이를 통해 자신의 감정과 가정 내에서 일어나는 사건이나 경험을 드러낼 수 있다는 사실을 종종 잊는다(Gil, 2015). 함께 놀이를 함으로써 아동은 더 깊은 의미와 이해력, 통찰력을 키울 수 있고 부모는 아동의 입장에서 세상을 바라볼 수 있게 된다. 이것은 부모와 자녀에게 조율, 연민 그리고 애착의 더 강력한 기술을 개발할 수 있는 기회를 제공한다.

치료사는 초기 면접 시작부터 부모를 참여시키고 초대함으로써 부모가 참여해야 하는 이유를 좀 더 성공적으로 이해시킬 수 있다. 놀이치료실을 둘러보고, 놀이치료가 일상 언어로 어떻게 작동하는지 설명하고, 다양한 모래 상자, 인형 또는 표현 예술 개입법을 보여 주는 것과 같은 작고 간단한 일들 또한 치료 관계에 대한 신뢰와 관계를 형성하는 데 도움이 될 수 있다. 나이가 들어 가면서 아이들과 같은 놀이를 하지 않도록 사회화되기 때문에 불편하고 바보같다고 느끼는 것이 정상이라고 설명하는 것 또한 중요하다. 많은 부모가 바닥에 앉아 티 파티를 하거나 인형극을 해 본 지 수년이 지났을 것이다. 어떤 어른들은 어린 나이에 부모 노릇을 해야 했고 아이처럼 마음껏 놀 수 없었을 수도 있다. 어린 시절의 경험을 되살리는 것은 부모들의 해결되지 않은 상실이나 트라우마 같은 취약한 감정들을 수면 위로 떠오르게 할 수도 있다. 이러한 해결되지 않은 상실과 트라우마는 나중에 부모-자녀 관계에서 드러나는 것이 일반적이기 때문에, 어린 시절의 상실과 트라우마가 부모-자녀 관계 문제의 원인일 수 있다.

> 놀이치료는 힘든 생각, 감정, 행동 그리고 관계적인 상호작용을 통해 작업하는 도구로 장난감을 사용하기 때문에 효과가 있다. 장난감은 아이들이 경험하고, 탐험하고, 참여하고, 그들 주변의 세상을 이해하기 위해 사용하는 도구이다. 우리가 아이들의 세상에서 아이들을 만날 수 있을 때(아이들이 어른들의 이해의 세계로 도약하기를 기대하는 대신), 변화와 치유는 빠르고 자연스럽게 일어난다.

ACPT의 초기 단계에서, 필리얼 치료나 치료놀이에 참여하는 것이 유익할 수 있는데, 특히 자신의 삶에서 강한 애착 형성이 부족한 부모들(혹은 자녀의 괴로움을 내재화하지 않고 알아차리는 방법이나 자녀에게 조율하는 기술을 배울 필요가 있는 부모들)일수록 더욱 그렇다. 이전 장에서 다루었던 것처럼, 부모의 애착 패턴과 이전의 애착 이력은 부모가 치료에 참여하는 방식이나 자녀를 양육하는 방법에 영향을 미친다(DeHart et al., 2006). 안정 애착을 가진 가족에서도 양육은 힘들고 때로는 좌절감을 주는데, 트라우마, 학대, 방치로 얼룩진 성장 경험을 가지고 있는 가족이라면 말할 것도 없을 것이다.

놀이치료 과정에 스킨십과 양육을 천천히 포함시킴으로써 부모

는 또한 조절과 공동 조절 전략, 달래 주는 스킨십이 어떤 느낌인
지, 자녀의 반응성을 알아차리고 즐거워하는 방법은 무엇인지를
배울 수 있다. 이러한 상호작용은 또한 자녀가 부모와 함께 안전감
과 안정감을 느끼는 경험을 할 수 있도록 도울 수 있으며, 아동이
부모와의 사이에서 망가지고 상처 입은 경계를 복구하기 시작하면
서 건강한 애착 스펙트럼으로 더 가까이 다가갈 수 있게 한다.

개입

　치료용 게임이나 구조화되고 규범적인 놀이치료 활동은 (아동
중심 놀이치료를 사용할 때 느낄 수 있는 모호함 대신) 명확한 목적과
목표가 있기 때문에 놀이치료의 초기 단계에서 부모와 임상가 모
두 더 편안함을 느낄 수 있다. 내가 가장 좋아하는 보드 게임 중
하나는 캔디 랜드(Candy Land)이다. 이전에 출판된 로웬스타인
(Lowenstein)의 책『Creative Interventions for Troubled Children』
과 여러 교육용 블로그에 이 게임을 할 수 있는 여러 가지 방법이
소개되어 있다. 저자가 즐겨 사용하는 버전은 홀리 윌러드(Holly

Willard)가 개발한 것이다. 이 활
동에서 아이와 부모는 보드 위
의 각각의 색깔에 서로 다른 감
정(기쁨, 미움, 슬픔, 두려움, 걱정
등)을 부여한다. 특정 색깔에 도
착하면 그들은 그 감정을 느꼈
을 때의 기억을 공유한다. 예를

들어, 녹색이 '걱정'으로 정해졌다면 부모나 자녀는 그들이 걱정을 느꼈던 때를 공유하게 될 것이다. 치료사 또한 놀이에 참여하여 적절한 감정을 공유하는 것을 모델링하는 좋은 기회가 될 수 있다. 이것은 가족 주제, 가족 역할, 과거의 트라우마, 가족 구성원들이 서로 어떻게 교류하고 반응하는지, 부모가 어떻게 자녀의 생각과 감정을 위로하고 안전한 장소를 만들 수 있는지 등을 파악하는 데 중요한 평가 도구이다.

긍정적인 터치와 돌봄을 촉진하는 다양한 치료놀이 활동을 통합하는 것 또한 이러한 초기 부모-자녀 치료 세션에서 중요한 활동이다. 부드럽게 터치하는 법을 배우거나, 부모와 자녀가 솜뭉치를 입으로 불어 오가게 하는 에어하키를 하면서 조율과 조절을 가르칠 수 있다. 서로를 흉내 내고 동작을 따라 하는 것 또한 매우 재미있고 장난스러운 방식으로 이러한 기술을 가르칠 수 있다. 이러한 신뢰 개발의 초기 단계는 부모-자녀 관계 내 애착 관계의 특성에 따라 몇 주 또는 몇 달이 걸릴 수 있다.

놀이방에서 부모와 자녀가 함께 편안함을 느끼며 서로 다른 경험, 생각, 감정을 처리할 수 있는 '아기 핸드프린팅'(자세한 설명은 제3장 참조)이나 '두 손 도장'(Mellenthin, 2018)이 적합할 것이다. 부모가 반영적 경청, 조율, 공동 조절 능력을 발달시키고 자녀를 안아 주는(holding) 환경을 만들 수 있는 능력이 보이면 애착과 트라우마에 대한 작업이 시작될 수 있다.

두 손 도장

가족 놀이치료에서 표현 예술은 말하지 않는 사람들에게 말을 건네고, 부모와 자녀 사이의 대화와 의사소통에 새로운 방법을 여는 데 도움을 줄 수 있다. 표현 예술을 놀이에 접목하면 부모와 자녀는 창의성과 재미를 이용하여 자녀의 생각과 감정을 탐색할 수 있는 위협적이지 않은 플랫폼을 갖게 된다. ACPT에서 손은 부모의 양육 및 안심 능력을 가르치고 강화해 줌에 따라 광범위하게 사용된다.

양육과 안심은 자녀가 건강한 방법으로 부모를 찾는 것을 배우는 동시에 부모가 안전한 공간을 만들어 자녀에게 다가가는 상호적 반응을 배움으로써 문자 그대로의 의미뿐만 아니라 은유적으로도 일어날 수 있다(Mellenthin, 2018). 임상 실습 동안 저자는 손이 매우 강력한 상징적 표현과 깊은 비유를 제공한다는 것을 발견했다. 다양한 손 조각품은 모든 연령과 발달 단계에 걸쳐 나의 모래상자에서 가장 많이 사용되는 피규어이다.

손을 잡는 것은 우리 대부분이 갈망하는 것이다. 손은 우리를 들어 올리거나 아래로 밀 수 있다. 손은 잡아 줄 수도 있고 아프게 할 수도 있다. 이 놀이치료 개입은 부모-자녀 애착 체계를 강화하기 위해 개발되었다. 이 개입에서 부모와 자녀 모두 서로의 강점과 가치를 나타내는 콜라주를 만들기 위해 함께 표현 예술 활동에 참여한다. 이 개입은 긍정적인 속성에 초점을 맞추고 함께 앉아 작업하는 기회를 제공함으로써 부모-자녀 관계를 강화할 수 있다 (Mellenthin, 2018).

준비물
- 흰 종이
- 가위

• 풀
• 마커
• 다양한 잡지

방법

① 내담자들에게 종이 위에 손을 놓고 서로의 손을 따라 그린 후 잘라 내도록 한다. 콜라주 작업에 사용할 수 있도록 다양한 잡지를 제공한다.

② 서로의 장점이나 긍정적인 특성을 나타내는 그림, 이미지 또는 단어를 오려 내도록 지시한다. 자녀는 부모의 손을 만들고, 부모는 자녀의 손을 만들도록 한다. 콜라주 이미지를 찾았으면 풀을 사용하여 붙이는데, 이때 손 전체를 채우도록 지시한다.

③ 부모와 자녀가 모두 끝내면 임상가는 내담자와 함께 손이 무엇을 할 수 있는지 탐색한다. 때로 손은 상처를 줄 수 있고, 때로는 무거운 것을 들거나 누군가의 상처를 위로해 줄 수 있다. 또한 손은 누군가를 일으켜 세우고 아름다운 것들을 창조할 수 있고, 흙을 파거나 식물을 심을 수 있다. 그리고 다른 손을 잡을 수 있다. 손으로 할 수 있는 모든 것을 생각하고 적어 본다.

④ 내담자들과 함께 다음의 질문들을 다루어 볼 수 있다.
  −여러분이 만든 두 개의 손 사이에 공통점과 차이점은 무엇입니까?
  −두 손이 어떻게 잡거나 힘을 낼 수 있을까요? 한 손으로 잡는 것과 두 손으로 잡는 것의 차이가 있는지 생각해 봅시다.

－여러분의 관계 안에서 여러분의 두 손을 함께 사용하여 유대감을 강화할 수 있는 일들이 있나요? 어떤 작은 것이라도 좋습니다.

⑤ 치료 회기의 후반부에서 부모와 자녀에게 더 큰 종이나 포스터 보드에 두 손을 함께 연결하여 넣을 방법을 찾으라고 지시한다. 회기 중에 액자를 만들어 넣거나 액자를 함께 구입한 후

[그림 10-1] 부모가 자녀의 손을 만든 두 손 도장의 예

[그림 10-2] 자녀가 부모의 손을 만든 두 손 도장의 예

걸어 놓고 정기적으로 작품을 보면서 서로의 긍정적인면을 기억하도록 제안할 수 있다([그림 10-1], [그림 10-2] 참조).

애착 기반 놀이치료가 적합하지 않을 때

애착 기반 놀이치료는, 가족 체계 안에서 지속적 변화의 열쇠가 부모에게 있다는 의미에서 톱다운(top-down) 방식으로 꼽힌다(Mellenthin, 2018). 부모-자녀 관계 내에 있는 과거와 현재의 애착 상처의 특징뿐 아니라 가족 구성원 간의 애착 패턴이 어떻게 나타나는지에 따라 치료사는 언제 부모를 치료 경험에 참여시켜야 하는지에 대해 세심하게 평가해야 한다. 부모를 놀이치료실에 초대하는 것이 적절한지, 그렇다면 언제가 좋을지를 결정하는 데 있어서 시간, 부모의 관여 정도, 이러한 과정에 부모가 미치는 영향을 인식하는 능력을 모두 고려해야 한다.

이 책을 통해 우리는 가족에게 발생할 수 있는 수많은 이슈와 문제들, 그리고 이러한 경험들이 어떻게 애착의 유대를 형성하는지 다루었다. 내담자에 대해 삶의 고난이나 외상적 사건 이후에도 치유는 일어난다는 낙관적이고 희망적인 태도를 유지하는 것도 중요하지만, 임상가는 부모-자녀 작업이나 가족치료가 내담자의 삶에 적절하지 않거나 유익하지 않을 때를 평가할 수 있어야 한다.

친권 종료 후 장기간의 위탁보육, 유기, 투옥 혹은 파병의 경우처럼 말 그대로 부모를 자녀의 치료에 참여시키는 것이 불가능한 경우도 있다. 부모가 물리적으로 가용하지 않을 때는 치료사가 종종 애착 대상의 역할이 된다(이 책 전반에 걸쳐 언급되었듯이). 그렇지

않은 경우에는 가정 내의 신체적·성적 안전을 평가하는 것뿐만
아니라, 제9장에서 논의한 것처럼 부모와 자녀 간의 정서적 안전을
평가하는 것이 매우 중요하다.

　가족의 애착 욕구를 평가할 때, 강하게 얽힌 관계가 있다면 애착
유대를 강화하는 일을 하기 전에 가족이 분리되고 개별화되는 방
법을 배울 수 있도록 돕는 것이 필수적이다. 정서적 안전이 존재하
기 위해서는 자율성이 허락되어야 한다. 아주 어린 아동일지라도
개인으로서 바라볼 필요가 있고, 각자의 경계는 존중될 필요가 있
다. 보웬(Bowen)의 가족 체계에서 '자아의 차별화'는 실제로 더 강
하고 건강한 애착을 만든다(Nichols, 2014). 이것은 가족 시스템 내
에서 불안정한 애착이 있을 때 자주 발생하는 삼각화(triangulation)
를 줄여 줄 뿐 아니라 자존감과 자신감을 높이는 데도 도움이 된다.

　자녀의 치료 작업에 부모를 참여시키기 전에 치료사는 성인의
관계 문제와 걱정거리를 먼저 해결하기 위해 부모를 부부 상담이
나 개별 상담에 의뢰해야 할 수도 있다. 자녀의 삶에 안정적인 기
반이나 일관된 양육을 제공하기 전에 부부 사이의 애착을 회복하
고 고쳐야 할 수도 있다. 부모가 주요 희생자가 아님에도 불구하고
2차적인 트라우마 증상을 경험하고 이것이 외상후 스트레스 장애
(PTSD)로 발전하는 경우도 매우 흔하다. 예를 들어, 자녀가 성폭행
을 당했을 때 부모는 이 외상적인 사건으로부터 아이를 보호하지
못한 것에 대해 높은 수준의 수치심, 무력감, 죄책감을 경험할 수
있다. 특히 폭행의 세부 사항이 알려짐에 따라 자녀의 희생에 대한
침습적 사고를 경험할 수 있다. 그들은 아이가 고통에 처해 있었을
상황에 대한 생각이나 실제 폭행 그 자체를 되새길 수도 있다. 특히
부모가 자신의 고통에 대처할 수 없고 자녀의 트라우마를 함께 견

더 주는 환경을 조성할 수 없는 경우 부모의 트라우마 증상을 다루기 위한 개인 또는 부부 상담은 자녀의 치료에 부모를 참여시키기 전에 해야 할 매우 중요한 작업이다.

부모가 어린 시절 혹은 성인이었을 때 해결되지 않은 트라우마를 경험하게 되면 자녀의 애착 요구와 애착 추구 행동에 의해 트라우마가 활성화되는 것이 일반적이다. 그들은 개인적인 트라우마를 극복하고 해결할 수 있을 때까지 압도당하거나 자녀의 요구를 충족시킬 수 없다고 느낄 수 있다. 치료에서 자녀와 함께 작업하기 전에 부모의 해결되지 않은 슬픔과 상실 문제를 치료하는 것 또한 중요하다.

치료사가 치료적 관계를 발전시키기 위해 필요한 심리교육과 라포 형성을 제공했음에도 불구하고 부모가 변화를 꺼리거나 자녀의 치료에 참석하기를 꺼릴 때가 있다. 임상가는 '저항'이 실제로는 두려움이라는 것을 염두에 두고 부모와의 관계 형성을 계속 시도해야 한다. 부모는 또한 자녀가 치료사에게 더 강한 애착을 갖게 될 것을 두려워하고 이러한 가능성에 위협을 느낄 수 있다. 부모를 격려하고, 경험을 확인하고, 부모에게 안전하게 애착된 방식으로 행동하는 것은 치료 관계 내에 단단한 기반을 마련하는 데 도움이 된다. 이렇게 되면 신뢰가 발전하고 치료에 참여할 가능성도 커진다. 이를 명심함으로써 치료사는 부모의 저항이 종종 부모 자신의 개인적인 수치심, 실패 의식, 애착 상처에 뿌리를 두고 있다는 것을 기억하면서 부모에게 보다 공감적으로 다가갈 수 있을 것이다.

정리

애착 기반 놀이치료는 문제의 뿌리를 다루고자 하며, 단순히 상처에 반창고를 붙이는 것이 아니라 문제의 핵심을 해결하고자 한다. 그것은 부적응 행동을 유발하는 근본적인 관계와 애착 상처를 치료하는 것이다. 애착이 양방향 관계의 일부라는 것을 진정으로 이해한다면, 임상가로서 우리는 양쪽의 참여 없이는 유대관계의 치유가 불가능하다는 것을 알고 있을 것이다. 그러므로 우리는 참여에 대한 장벽이 종종 부모가 느끼는 수치심과 취약성에 대한 두려움에 뿌리를 두고 있다는 것을 알고 있어야 하고, 그것을 해결하도록 작업함으로써 부모들이 자녀의 치료 과정에 완전히 관여하도록 하여 성공 가능성을 높여야 한다.

참고문헌

Brown, B. (2012). *Daring greatly: How the courage to be vulnerable transforms the way we live, love, parent, and lead.* New York, NY: Penguin Random House.

DeHart, T., Pelham, B. W., & Tennen, H. (2006). What lies beneath: Parenting style and implicit self-esteem. *Journal of Experimental Social Psychology, 42*, CE1-17.

Gil, E. (2015). *Play in family therapy* (2nd ed.). New York, NY: The Guilford Press.

Goodman, G. (2010). The impact of parent, child, and therapist mental representations on attachment-based intervention with prepubertal children. *Clinical Social Work Journal, 38*, 73-84.

Johnson, S. (2013). *Love sense*. New York, NY: Little, Brown, and Company.

Lowenstein, L. (1999). *Creative interventions for troubled children*. Toronto, ON: Champion Press.

Mellenthin, C. (2018). Attachment centered play therapy with middle school preadolescents. In E. Green, J. Baggerly & A. Myrick (Eds.), *Play therapy with preteens* (pp. 35-48). Lanham, MD: Rowman & Littlefield.

Nichols, M. P. (2014). *The essentials of family therapy* (6th ed.). Upper Saddle River, NJ: Pearson Education Inc.

✎ 찾아보기

인명

내용

저자 소개

클레어 멜렌틴(Clair Mellenthin)은 인기 있는 연사이자 작가이며 노련한 아동심리치료사이다. 또한 아동과 가족 문제를 다루는 지역 방송 및 공영 방송 프로그램에 자주 출연해 왔다.

역자 소개

최해훈(Choi Hae Hoon)

이화여자대학교 심리학과 석 · 박사

전 일산백병원 발달증진클리닉 심리치료실

현 이안아동발달연구소 소장

    이화여자대학교 심리학과 겸임교수

    가천대학교 특수치료대학원 겸임교수

    서울사이버대학교 특수치료학과 겸임교수

    서울상담심리대학원대학교 상담심리학과 겸임교수

이은지(Lee Eun Ji)

이화여자대학교 심리학과 석 · 박사(수료)

전 이안아동발달연구소 연구원

    나무와 새 심리상담연구소 연구원

현 코키아병원 심리발달센터 센터장

애착 기반 놀이치료
Attachment Centered Play Therapy

2022년 11월 10일 1판 1쇄 인쇄
2022년 11월 15일 1판 1쇄 발행

지은이 • Clair Mellenthin
옮긴이 • 최해훈 · 이은지
펴낸이 • 김진환
펴낸곳 • ㈜**학지사**

04031 서울특별시 마포구 양화로 15길 20 마인드월드빌딩
대표전화 • 02-330-5114   팩스 • 02-324-2345
등록번호 • 제313-2006-000265호

홈페이지 • http://www.hakjisa.co.kr
페이스북 • https://www.facebook.com/hakjisabook

ISBN 978-89-997-2780-1 93180

정가 16,000원

출판미디어기업 학지사
간호보건의학출판 **학지사메디컬** www.hakjisamd.co.kr
심리검사연구소 **인싸이트** www.inpsyt.co.kr
학술논문서비스 **뉴논문** www.newnonmun.com
교육연수원 **카운피아** www.counpia.com